TRAUMSTRASSEN
ALPENLÄNDER

Steile Paßstraßen, enge Serpentinenwindungen und winduntoste Pässe – eine Fahrt durch die Alpen ist immer ein kleines Abenteuer. Am Wegrand erfreuen unvergleichliche Naturschönheiten das Auge: Zackige Grate, ewiges Eis, saftig-grüne Almen und seltene Alpenblumen machen jede Fahrt und jede Wanderung zu einem besonderen Ereignis. Und unterwegs locken Städte und Dörfer mit architektonischen Perlen und gemütlichen Cafés.

Über den Wolken: auf dem Weg zum Montblanc.

Gekrönt von der Festung Hohensalzburg, liegt Salzburg zu beiden Seiten der Salzach. ▷

Traumstrassen
ALPENLÄNDER

FOTOS OLIVER BOLCH
JOACHIM HELLMUTH
IRIS KÜRSCHNER
AXEL SCHENCK

TEXT EUGEN E. HÜSLER

Im Herzen Europas Seite 12

Hannibal kam von Norden — Seite 17
Von Alpenveilchen bis Ziesel — Seite 20
Der besondere Kick — Seite 24
Die Entdeckung der Alpen — Seite 28

ROUTE *1*
Von Wien ins Salzburger Land — Seite 32
*Endlose Bergketten
und fruchtbare Ebenen* — *Seite 44*

ROUTE *2*

Vom Bodensee durch Tirol nach Salzburg — Seite 50
Mensch und Natur im Einklang — *Seite 58*

ROUTE *3*

Von Innsbruck über den Brenner in die Dolomiten — Seite 66
Alpenüberquerungen — *Seite 76*

ROUTE *4*

Vom Inntal zum Gardasee — Seite 84
*Sommerlicher Treffpunkt
seit der Antike* — *Seite 94*

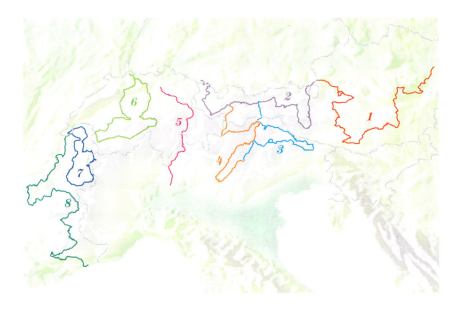

Route 5

Seite 100 — Von Zürich in die Lombardei

Seite 110 — *Bilderbuchlandschaft im Sonnenglanz*

Route 6

Seite 118 — Von Basel ins Herz der Eidgenossenschaft

Seite 130 — *Die schönste Zugstrecke der Schweiz*

Route 7

Seite 136 — Von Genf in die Berge Savoyens

Seite 144 — *Abenteuer am Montblanc*

Route 8

Seite 152 — Vom Genfer See zur Côte d'Azur

Seite 162 — *Im Kurvenkarussell ans Meer*

Seite 172 — *Menschen, Orte und Begriffe*

Der »Glacier Express« –
Die schönste Zugstrecke der Schweiz   Seite 130
Die Route des Grandes Alpes –
Im Kurvenkarussell ans Meer   Seite 162

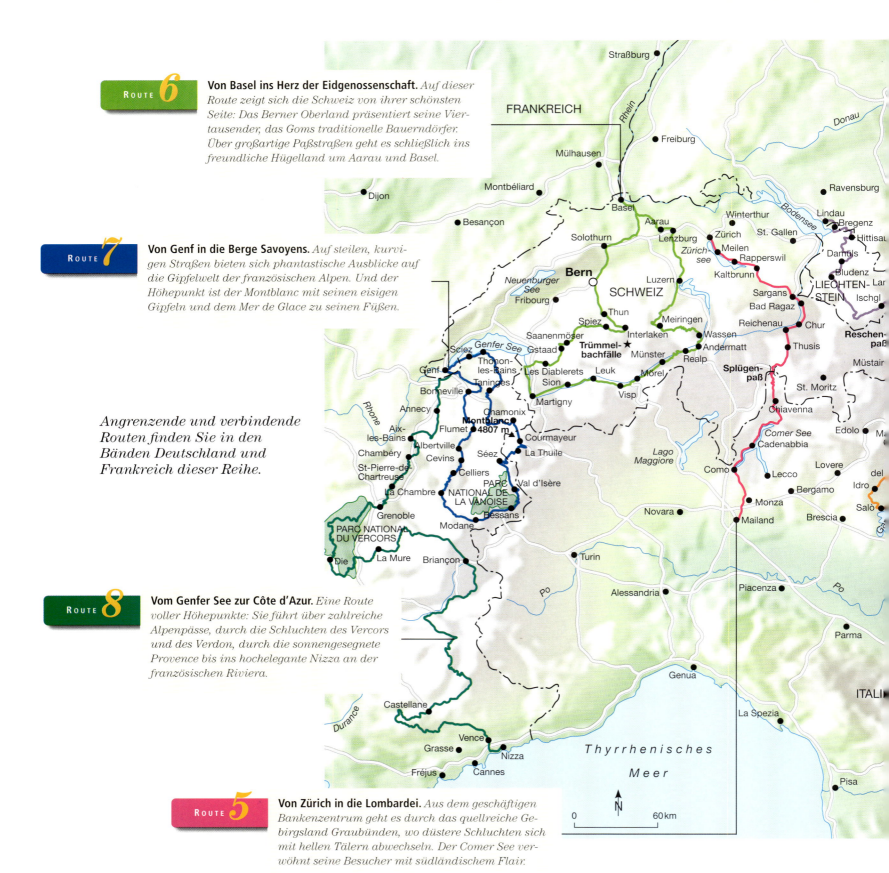

Route 6 — Von Basel ins Herz der Eidgenossenschaft. *Auf dieser Route zeigt sich die Schweiz von ihrer schönsten Seite: Das Berner Oberland präsentiert seine Viertausender, das Goms traditionelle Bauerndörfer. Über großartige Paßstraßen geht es schließlich ins freundliche Hügelland um Aarau und Basel.*

Route 7 — Von Genf in die Berge Savoyens. *Auf steilen, kurvigen Straßen bieten sich phantastische Ausblicke auf die Gipfelwelt der französischen Alpen. Und der Höhepunkt ist der Montblanc mit seinen eisigen Gipfeln und dem Mer de Glace zu seinen Füßen.*

Angrenzende und verbindende Routen finden Sie in den Bänden Deutschland und Frankreich dieser Reihe.

Route 8 — Vom Genfer See zur Côte d'Azur. *Eine Route voller Höhepunkte: Sie führt über zahlreiche Alpenpässe, durch die Schluchten des Vercors und des Verdon, durch die sonnengesegnete Provence bis ins hochelegante Nizza an der französischen Riviera.*

Route 5 — Von Zürich in die Lombardei. *Aus dem geschäftigen Bankenzentrum geht es durch das quellreiche Gebirgsland Graubünden, wo düstere Schluchten sich mit hellen Tälern abwechseln. Der Comer See verwöhnt seine Besucher mit südländischem Flair.*

Die Routen

Von Wien ins Salzburger Land. *In Kärnten, dem Land zwischen Karawanken und Hohen Tauern, lockt nicht nur das südliche Klima, und im Salzkammergut empfängt den Reisenden eine überraschende Vielfalt: Runde Bergkuppen wechseln sich ab mit Felswänden, dunkle Wälder säumen stille Seen.*

Vom Bodensee durch Tirol nach Salzburg. *Phantastische Ausblicke auf Westösterreichs höchste Gipfel bieten zwei der schönsten Alpenstraßen: die Silvretta- und die Großglockner-Hochalpenstraße. Im beschaulichen Nationalpark Hohe Tauern in den Zentralalpen können Wanderer Natur pur erleben.*

Von Innsbruck über den Brenner in die Dolomiten. *Auf dieser Route durch die atemberaubende Welt der »Bleichen Berge« erwarten den Besucher rund um die berühmtesten Wintersportorte Südtirols zahlreiche gletschergekrönte Viertausender und das legendäre, strahlend rote Alpenglühen.*

Vom Inntal zum Gardasee. *Diese Dreiländertour führt aus alpinen Etsch-Regionen durchs fruchtbare Untervinschgau, vorbei an Südtirols romantischen Burgen, üppig grünenden Weinbergen und steil aufragenden Brentagipfeln bis hinunter an die mediterran anmutenden Ufer des Gardasees.*

Steinerne Phalanx über grünem Tal: die Geisler-Puez-Gruppe in den Grödner Dolomiten.

Im Herzen Europas

Mit Muskelkraft geschafft – da darf man oben am Sellajoch das prächtige Panorama mit Blick auf die Felszacken genießen, nördlich auf die Geisler-Puez-Spitzen und den Drachenrücken der Tschierspitzen.

In St. Wolfgang kann man einen gemütlichen Ausflug mit der Kutsche unternehmen – fast wie in alten Zeiten.

Die Zeiten ändern sich, auch in den Bergen, wo so oft von »ewig« und von Jahrmillionen die Rede ist, wo schiere Größe jeder Veränderung entgegenzustehen scheint. Wer mag sich wirklich vorstellen, daß eines fernen Tages das Matterhorn ein Schutthaufen sein wird, viel breiter als hoch? Daß Klimaveränderungen den Riesengletscher von Aletsch oder das Mer de Glace am Montblanc zum Verschwinden bringen könnten, daß im Oberengadin Palmen gedeihen?
Nicht nur die Zeiten, auch die Menschen ändern sich. Respekt und Furcht vor den Naturgewalten prägten einst das Leben der Bergbauern; der Freizeitmensch an der Schwelle des dritten Jahrtausends dagegen sucht die Herausforderung. Wo man früher böse Geister vermutete, oben in den unzugänglichen Felsen, wird Selbstfindung als risikoreiches Muskelspiel betrieben; für die brettbewehrten Wintergäste holzt man Schneisen in den Wald, und es muß Kunstschnee her, wenn Frau Holle es nicht schneien läßt.

Zauber der Berge. Natürlich ist er noch da, dieser Zauber, die Magie des Natürlichen, nicht vom Menschen Geschaffenen: Formen und Farben, an denen unsere von rechten Winkeln und platten Flächen gemarterten Augen sich begeistern; die Vorstellung einer »heilen Welt« vielleicht, wo die Dinge noch durchschaubar sind:

Monument der Alpen: der Eiger mit seiner berühmt-berüchtigten Nordwand, die 1938 erstmals durchstiegen wurde.

Reisen in die Alpen waren auch früher schon beliebt. Dürer zeichnete vor fünfhundert Jahren Städtchen und Burg von Arco (rechts); Goethe bestieg 1779/80 zusammen mit Herzog Karl August das Faulhorn im Berner Oberland (oben). Schon zu Beginn des 17. Jahrhunderts konnten sich Graubünden-Reisende an Landkarten orientieren (Kupferstich, um 1600; unten).

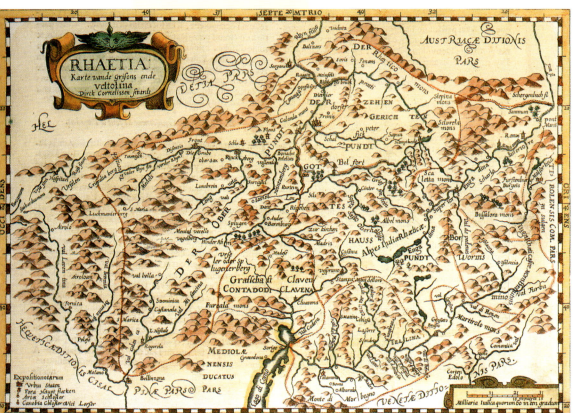

»Heidiland« in unseren Köpfen, Kinderträume, Erinnerungen. Es gibt hundert Gründe, die Alpen zu lieben; Gründe, sich um sie zu sorgen, gibt es allerdings auch. Natur ist ein begrenzter Rohstoff; sie läßt sich nicht beliebig recyceln, und Wunden im sensiblen Ökosystem der Berge heilen langsam, oft auch gar nicht.

Der Blick zurück. Die »Jugendjahre« der Alpen liegen schon eine ziemliche Weile zurück; immerhin sind zehn Millionen Jahre seit der alpidischen Auffaltung – dem letzten, entscheidenden Schub der Alpenbildung – vergangen. Eine ewig lang erscheinende Zeit, vergleicht man sie mit einem Menschenleben, ziemlich bescheiden allerdings, nimmt man das Alter des blauen Planeten als Maß, der seit viereinhalb Milliarden Jahren existiert.

Doch was trieb die Alpen in die Höhe, was läßt sie heute noch anwachsen, wenn auch nur um einen Millimeter pro Jahr? Es ist die »Haut« unseres Planeten, die gar nicht so dick und weit weniger stabil ist, als man gemeinhin glaubt. Nicht nur, daß sie immer wieder bebt, von den Urkräften im Erdinnern erschüttert, und Magma ausspuckt: Die Kontinente verändern langsam ihre Lage zueinander. Afrika und Europa kommen sich seit über 100 Millionen Jahren immer näher, und dieser

Zeitlupen-Zusammenprall ließ die Alpen entstehen, beförderte Tiefengesteine an die Oberfläche, hob Kalkablagerungen aus dem Tethysmeer, türmte Felsschichten zu Bergen auf, faltete gigantische Gesteinspakete wie ein Tischtuch.
Einige besonders schöne Beispiele alpinen Faltenwurfs kann man sogar von der Straße aus bestaunen, etwa im Talbecken von Le Bourg-d'Oisans oder an der Südrampe des Rollepasses. Und wer sich zu Fuß aufmacht, etwa übers Pala-Hochplateau oder auf die Fanesalm, entdeckt eine grandiose Chaos-Landschaft: zerborstene Grate, mächtige Geröllströme, Felstrümmer, Dolinen und bodenlose Klüfte. Da begreift man, daß Natur Wandel bedeutet, daß es weder »ewiges Eis« noch unverrückbare Gipfel gibt. Doch wer weiß, daß es sich bei der Pala um ein riesiges Kalkriff handelt? Daß er überhaupt in den Dolomiten auf dem erstarrten »Bodensatz« eines urzeitlichen Meeres herumspaziert? Die Versteinerungen, überall in den Fels eingelagert, beweisen es: Ammoniten, Korallen, Muscheln, Kopffüßer, Seelilien. Deponiert wurden sie vor rund 200 Millionen Jahren auf dem Meeresgrund, vom Geschiebe zugedeckt und unter dem Gewicht immer neuer Ablagerungen allmählich zu Fels verfestigt.

Wie ein offenes Buch. Exemplarisch »aufgeschlossen« (so heißt das bei den Geologen) ist dieses weit zurückliegende Kapitel der Erdgeschichte beispielsweise in der Südtiroler Bletterbachschlucht. Zwischen dem Gipfel des Weißhorns, an dessen Flanke der Bletterbach entspringt, und dessen Mündung in die Etsch liegen nicht nur gut 2000 Höhenmeter, sondern auch etwa 50 Millionen Jahre.

Die Macht des ewigen Eises. Einmal aufgetürmt, mußten die Alpen erst noch in Form gebracht werden, und diese Arbeit besorgte (und besorgt bis heute) das Wasser, auch in gefrorener Form.
Gletscher haben ihren Anteil am heutigen Bild der Alpen. Was wäre das Oberengadin ohne seine Seen, was bliebe vom mediterranen Zauber Locarnos ohne den Lago Maggiore? Niemand würde zum Surfen an den Gardasee fahren, und Zürich hätte zwar seine Banken, aber keinen See. Die Gletscher, unter deren Last die Alpen eine Million Jahre lang ächzten, haben Täler und Seebecken ausgehoben. Als riesiger weißer Mantel bedeckte das Eis einst nicht nur die Alpen, es reichte weit hinaus ins Vorland. Der Rhonegletscher etwa war während der Riß-Eiszeit ungefähr halb so groß wie die Schweiz von heute. Geblieben ist ein Rest von etwa 10 Kilometer Länge, Tendenz abnehmend!

Die Alpen im Film: Zu den Klassikern gehören »Weiße Hölle Piz Palü« (oben), »Der Berg ruft« mit Luis Trenker (darunter) und Romanverfilmungen wie »Via Mala« (links) und »Schloß Hubertus« (links unten). Auch James Bond war in den Bergen aktiv in »Goldfinger« (unten).

Vor gut hundert Jahren eroberte die Eisenbahn den Alpenraum; 1882 wurde die Gotthardlinie eröffnet, 1908 der Simplontunnel (unten und rechts). – Aus der Pionierzeit des Tourismus: die dampfgetriebene Brienzer Rothorn-Bahn (oben). – Der Siegeszug des Autos begann im frühen 20. Jahrhundert; 1935 wurde die Großglockner-Hochalpenstraße eröffnet (ganz unten).

Seit 1850 ist ein Drittel der alpinen Eisflächen verschwunden; die Statistik zählt noch gut 4000 Gletscher. Die größten liegen in den Westalpen mit dem 25 Kilometer langen Aletsch als Spitzenreiter.

Aufgebaut und abgetragen. Die Natur kennt keinen Stillstand, alles ist in Bewegung, auch die Alpen, die scheinbar unberührt über dem Alltagsgewusel thronen: Da brechen Gipfel ab, wie etwa 1932 am Ankogel, der beinahe 20 Meter seiner Höhe verlor (heute mißt er 3252 Meter); für Schlagzeilen sorgen gewaltige Muren, die ganze Straßenzüge verschütten, oder verheerende Hochwasser wie jenes 1966 in den Dolomiten und in Oberkärnten. Doch auch im kleinen und kleinsten arbeitet es unermüdlich, wird das Werk der Zerstörung vorangetrieben. Jeder Wassertropfen, der im Boden versickert, hilft dabei mit; Steine werden unterhöhlt, Humus abtransportiert, Eis in Spalten und Klüften sprengt Felsen ab. Das Wasser, Lebenselixier unseres Planeten, erweist sich hier als großer Zerstörer. Man muß sich das einmal vorstellen: Die gesamte Masse der Alpen, wie sie heute vor uns stehen, ist im Lauf der Jahrmillionen bereits abgetragen worden – hinausbefördert ins flache Land, durch die Gletscher und die unermüdliche Kleinarbeit des Wassers. Eines Tages werden all die faszinierenden Zacken und Türme verschwunden, das Matterhorn und die Drei Zinnen nicht einmal mehr Erinnerung sein. Dafür sind dann wohl all die Seen im Alpenvorland längst verlandet, aufgefüllt von jenem Strom aus Sand und Steinen, der herabkommt aus den Bergen.

Wind und Wetter. Wer in den Alpen unterwegs ist, egal ob zu Fuß oder motorisiert, kann ein Lied davon singen. Denn Berge sind – auch meteorologisch gesehen – vor allem Hindernisse, sie führen in der Atmosphäre zu Staus und sorgen für ständige Unruhe im Wettergeschehen. Aus einem atemberaubenden Morgenrot entwickelt sich im Gebirge leicht ein Unwetter, das mit Urgewalt über die Grate und Pässe fegt, einem jede Sicht raubt und die Almwiesen weiß anmalt. Temperaturstürze um 20 Grad sind auch im Hochsommer nicht ungewöhnlich, und wenn der Föhn die Münchner grantig werden läßt, sind Windgeschwindigkeiten von 150 Stundenkilometern über dem Karwendelgebirge keine Seltenheit. Da muß man sich auf der Benediktenwand

– *Die Alpen: Transit- oder Rückzugsland?* –

Hannibal kam von Norden

Historisch gesehen waren die Alpen stets Bollwerk und Hindernis, ihre Täler auch Rückzugsraum für Minderheiten. Es ist kein Zufall, daß sich beispielsweise im Friaul oder in den Dolomiten – weitab der großen Handelswege – die jeher die Almwirtschaft, während im Süden eine Kombination von Acker- und Almbetrieb vorherrschte. Trotzdem entwickelten sich in der Alltagskultur verblüffende Gemeinsamkeiten: Vergleichbare Aufgaben führten zu ähnlichen Lösungen.

rätoromanische Kultur halten konnte. Die ältesten Menschenfunde im Alpenraum stammen aus der Altsteinzeit und sind etwa 50 000 bis 100 000 Jahre alt (Drachenhöhle bei Mixnitz, Drachenloch in den Glarner Alpen). Nach dem Rückzug des Eises dürften vermehrt Wilddiebe in den Tälern unterwegs gewesen sein. Im Südwesten der Alpen entwickelte sich um 5000 v.Chr. die sogenannte Transhumanz, ein Vorläufer jener bäuerlichen Wirtschaftsform, wie man sie etwa am Lago Maggiore noch heute kennt: Während des Winters lebt man unten am See, im Frühling geht's dann hinauf zu den Maiensäßen, später auf die Hochalmen, und im Herbst steigen Mensch und Tier wieder hinunter ins Tal. Im Alpenraum stoßen drei große europäische Kulturräume zusammen: die romanische, germanische und slawische Kultur. Entsprechend unterschiedlich entwickelten sich die bäuerlichen Gesellschaften, was an Häusern und Siedlungsart, aber auch bei den Wirtschaftsformen zum Ausdruck kommt. In den Nordalpen dominierte von

In den Geschichtsbüchern liest man weniger von friedlichen Bauern als von blutigen Kriegszügen. Bestens dokumentiert ist die legendäre Alpenüberschreitung Hannibals im Jahr 218 v.Chr. mit 50 000 Mann, 9000 Reitern und 37 Kriegselefanten. Der Chronist des großen Karthagers beschrieb sehr detailliert das waghalsige Unterfangen; nur mit den Örtlichkeiten kannte er sich nicht so genau aus. Darum wissen wir bis heute nicht, auf welchem Paß der Troß die Westalpen überschritt.

Heute kommen die Eroberer in friedlicher Absicht, aus den Heerstraßen sind längst Touristenrouten geworden. Wo einst die Säumer mit ihren Lasttieren auf steilen Pfaden unterwegs waren, zieht sich ein mehrspuriges Asphaltband dahin. Tunnels werden in den Berg gebohrt, um Transitkapazitäten zu steigern und die Fahrzeiten zu verkürzen.

Übrigens: Der erste alpine Tunnel wurde bereits im 15. Jahrhundert am Fast-Dreitausender Colle delle Traversette in den Cottischen Alpen geschlagen.

Auch früher waren nicht nur Bauern und Hirten in den Alpen unterwegs (Schönachtal bei Gerlos; links); während des Zweiten Punischen Krieges (218–201 v.Chr.) überquerte Hannibal die Westalpen (oben), in den Koalitionskriegen (1799) zog der russische General Suworow mit seinem Heer durch die Schweizer Berge (Gemälde von Wassili Iwanowitsch Surikow, 1899; unten). – Er machte (Schweizer) Geschichte: Wilhelm Tell (französischer Bilderbogen, 19. Jahrhundert; Mitte).

schon gut am Gipfelkreuz festhalten, um nicht weggepustet zu werden. Dafür gießt es dann meistens auf der Südseite der Alpen aus vollen Kübeln. »Antriebsmotor« für den Föhn hier und die Wolkenbänke dort ist häufig ein Adriatief. Und anderntags? Blitzblank geputzt strahlt der azurblaue Himmel, und ein unschuldig-sanfter Windhauch weht von den Bergen herab. Che cosa vuoi – fa bel tempo!

Berge von Ost bis West: Österreich. Schönes Wetter gibt's auch in Felix Austria, dem großen Alpenland im Osten, obwohl etwa die Mozartstadt ja nicht gerade als Sonneninsel gilt. Das hängt mit der Alpenrandlage Salzburgs und dem vom Atlantik bestimmten Klima Westösterreichs zusammen. Nach Osten zu überwiegt der Kontinentaleinfluß, was Wien immer wieder strenge, kalte Winter und trocken-heiße Sommer beschert. Landschaftsbild und Wirtschaftsstruktur unterscheiden sich ebenfalls erheblich. Hochalpin, mit starker Vergletscherung, ist nur der Westen des Landes, wo zwischen Lech-Zürs und dem Salzkammergut so ziemlich alle Österreich-Klischees bedient werden; nach Osten hin weisen die Bergketten zunehmend Mittelgebirgscharakter auf, hier löst sich auch die morphologische Gliederung der Nord-Zentralalpen mehr und mehr auf. In Tirol und in Salzburg entwickelte sich der Tourismus neben der traditionellen Almwirtschaft schon bald zum zweiten wirtschaftlichen Standbein, während noch weiter im Osten von jeher der Waldwirtschaft, dem Bergbau und auch der Erzverarbeitung eine recht bedeutende Rolle zukam.

Eisenerz – der Name ist Programm; so heißt das alte, steirische Städtchen am Präbichlpaß. Hier lebt man seit Jahrhunderten und wohl noch eine ganze Weile vom Erz. Bereits in römischer Zeit ausgebeutet, liefert »der Berg«, wie die Einheimischen ihn nennen, den Großteil des österreichischen Erzes, etwa dreieinhalb Millionen Tonnen pro Jahr, die im Tagebau gefördert werden. Dafür schrumpft der Erzberg stetig: 1925 registrierte man eine Gipfelhöhe von 1537 Metern, heute sind es gerade noch 1465 Meter...

Wald und Holztrift. Der Bergbau prägt indirekt auch das Bild der Waldlandschaft Österreichs, vor allem in der Steiermark und Kärnten. Wo einst ein Buchenmischwald vorherrschte, stehen heute riesige Fichtenplantagen. Der Grund: steigender Bedarf an Brennstoff für die Schmelzöfen der Eisenwerke. Das geschlagene Holz wurde über die Flüsse transportiert, ein gefährliches Unterfangen. An der Salza und im Reichraminger Hintergebirge sind noch Spuren dieser Trift zu sehen.

Österreichs höchste Gipfel liegen ebenso wie seine größten Gletscher im Westen: Großglockner, Wildspitze, Weißkugel und Großvenediger sind die höchsten Spitzen, am Pasterzenkees kommt das meiste Eis

Mit der Bahn auf die Berge: Die erste alpine Zahnradbahn fuhr 1871 von Vitznau auf die Rigi (Mitte); 1896 wurde die Schneebergbahn eröffnet (oben). – Später kamen die ersten Luftseilbahnen dazu (unten).

zusammen. Vergleichsweise winzig (und mittlerweile vom Verschwinden bedroht) ist dagegen der südlichste Gletscher des Landes, das Eiskar an der Kellerwand im Karnischen Hauptkamm.

Im Südosten der Alpen: Slowenien. Das »Ewig-Schnee-Feld« am hohen Gipfelaufbau des Mangart in den Julischen Alpen ist sogar völlig verschwunden, ganz einfach weggeschleckt von ein paar sehr warmen Bergsommern. Gleißend weiß schimmert wenigstens noch der Gletscher am Triglav, dem höchsten Gipfel der Julischen Alpen – und dem ganzen Stolz der Slowenen. Auf die kleine Alpenrepublik an Save und Drau entfallen 4 Prozent der gesamten Alpenfläche, und das Kerngebiet ist als Triglav-Nationalpark streng geschützt.

Neuschwanstein und Königssee: Die bayerischen Alpen. Die vielleicht berühmtesten Spitzen Bayerns stehen gleich hinter Füssen und sind noch keine 150 Jahre alt: jene von Neuschwanstein, dem Märchenschloß des unglücklichen Königs Ludwig II. Der beschäftigt die allermeisten Bayernbesucher heute noch mehr als die Gipfel hinter und über seinen Schlössern, die Zugspitze vielleicht ausgenommen. Die ist immerhin Bayerns und damit Deutschlands höchster Berg und hat für Besucher den Vorteil, daß ihr gleich mehrere Bahnen aufs felsige Haupt führen, neben Seilbahnen auch die 1930 eröffnete Zahnrad-Tunnelbahn.

Das Auto – Symbol einer neuen Zeit. Die meisten Paßstraßen waren früher schmal und staubig, doch das tat der Reiselust keinen Abbruch: 1937 am Oberalppaß bei Andermatt (großes Bild), auf dem Weg zum Skiurlaub (oben), Familienfahrt in den fünfziger Jahren (Mitte). – 1863 wurde die Axenstraße am Ostufer des Vierwaldstätter Sees gebaut (unten).

– *Tier- und Pflanzenwelt in den Alpen* –

Von Alpenveilchen bis Ziesel

Mit etwas Glück kann man einem Gemsrudel (unten), Steinböcken (großes Bild) oder Feuersalamandern (rechte Seite unten) begegnen. Ein Gänsegeier in den Südostalpen (oben). – Arvenwald am Aletschgletscher (Mitte).

Leben in den Bergen, das hieß schon immer: sich anpassen oder sterben. Wer nicht in der Lage ist, sich mit den schwierigen Umweltbedingungen – Hitze, Frost, Schnee – zu arrangieren, hat keine Chance, hier zu überleben. Die Sommer sind meistens kurz, die Nächte fast immer kalt, Schnee fällt oberhalb der Baumwuchsgrenze sogar im August. Kein Wunder, daß sich gerade die Pflanzen zu wahren Überlebensstrategen entwickelt haben: Manche Blumen können Feuchtigkeit direkt über die Blätter aufnehmen, andere wiederum schützen sich durch eine filzige Behaarung – wie etwa das Edelweiß – oder bilden dichte Polster. Daß die meisten der Hochgebirgspflanzen kleinwüchsig sind, hat seinen Grund auch in den ungünstigen Lebensbedingungen. Um so erstaunlicher, was da so alles grünt und blüht zwischen Fels, Firn und Geröll. Aus kaum zugänglichen Felswänden leuchten die blauen Polster der Dolomiten-Glockenblume, mitten in steilen Kalkschutthalden stehen die gelben Blüten des Rhaetischen Mohns. Am Gipfel des Piz Linard (3411 m) im Silvrettamassiv wurden beispielsweise acht verschiedene Blütenpflanzen lokalisiert, knapp unterhalb sogar 32 Arten! Zu den erstaunlichsten (Über-)Lebenskünstlern zählt der Gletscherhahnenfuß, die höchststeigende Blütenpflanze der Alpen – sie wurde am Finsteraarhorn-Gipfel in 4274 Meter Höhe entdeckt – und ist kälteempfindlicher als ein Ölbaum (!). Unter einer schützenden Schneedecke übersteht sie zwei oder drei Jahre, ohne auszutreiben. In tieferen Lagen, also bei entschieden günstigeren Bedingungen, entfaltet die Flora mitunter einen grandiosen Blütenzauber. Da sind die Südhänge der Golica (Karawanken) im Frühling von blühenden Narzissen übersät, stehen die weißen

Sterne des Edelweiß auf mageren Gipfelwiesen in den Karnischen Alpen dicht an dicht. Dank vieler neu eingerichteter Naturschutzgebiete ist zum Beispiel der Steinbock, einst bis auf einen Restbestand am Gran Paradiso ausgerottet, heute wieder in zahlreichen Alpenregionen zu Hause. Auch Schlangen vermehren sich kräftig, vor allem in jenen Südalpentälern, die von den Menschen zunehmend verlassen werden. Sogar der Wolf kommt aus dem Osten zurück, und die Wiederansiedlung des Luchses in den Schweizer Alpen macht – trotz Widerstands vor allem von Jägern und Schafhirten – gute Fortschritte. Schlechter stehen dagegen die Chancen des Braunbären, von dem nur noch wenige Exemplare im Adamellomassiv und im niederösterreichischen Ötschergebiet leben. Allen Bedrohungen aus dem Weg gegangen ist dagegen der Gletscherfloh, lateinisch Isotoma saltans, der sich von Pollen und Pflanzenresten ernährt.

Staunend beobachten wir das Gemsrudel, das flink eine steile Geröllhalde quert; wir freuen uns über den bunten Schmetterling, entdecken Steinhühner, die sich zwischen ein paar Felsen niedergelassen haben, schauen Murmeltieren beim übermütigen Spiel zu, beneiden den Adler, der mühelos, die Thermik nutzend, über dem Karwinkel kreist. Wunder der Natur. Ob unsere Urenkel sie auch noch erleben dürfen?

Kleine Sehenswürdigkeiten am Wegrand: Gelber Enzian (links oben), der Fruchtstand der Anemone, im Volksmund »Wildes Männle« genannt (rechts oben), Feuerlilie (links unten), Fingerhut (rechts unten) und Edelweiß (rundes Bild linke Seite).

DIE WULFENIA – EIN KÄRNTNER UNIKAT

So berühmt wie das Edelweiß ist sie natürlich nicht, die Wulfenia, dafür aber viel seltener. Ihren einzigen Standort im Alpenraum hat die kleine, blaublühende Blume, eine Reliktpflanze aus der Tertiärzeit, am Naßfeld in den Karnischen Alpen, unweit der beliebten Skistation. Auf der Watschiger Alm blüht sie jeweils im Juli und August auf den feuchten Wiesen nahe der Baumgrenze zwischen Alpenrosenbüschen gleich massenhaft. Natürlich steht die Wulfenia – im Gegensatz zu den bedauernswerten (Ski-)Wiesen rundum – unter strengem Schutz; entdeckt hat sie ein Hobbybotaniker namens Freiherr von Wulfen. Außerhalb der Alpen sind weitere Standorte auf dem Balkan, in Afghanistan und im Himalaja (Tibet) bekannt.

Zu einer richtigen Bayernreise gehört einfach das Trompetenecho auf dem Alpenfjord des Königssees. Der liegt innerhalb des Nationalparks Berchtesgaden, einem von zwölf großen nationalen Parks im Alpenraum mit einer Gesamtfläche von etwa 210 Quadratkilometern.

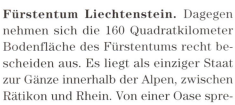

Fürstentum Liechtenstein. Dagegen nehmen sich die 160 Quadratkilometer Bodenfläche des Fürstentums recht bescheiden aus. Es liegt als einziger Staat zur Gänze innerhalb der Alpen, zwischen Rätikon und Rhein. Von einer Oase spre-

Gute Küche hat in den Alpen Tradition (Mitte) – jede Region kennt ihre kulinarischen Spezialitäten. Aus dem Engadin kommt die Gerstensuppe (oben), im Wallis hat die Raclette ihren Ursprung (links unten), Südtirol ist bekannt für seinen vorzüglichen Speck (Mitte unten), und Nocken bereitet man in Österreich in vielen Variationen (rechts unten). En guete! Buon appetito!

chen im Zusammenhang mit dem Fürstentum aber weniger die Geographen, sondern vor allem EU-Steuerfachleute.

Schoggi und Matterhorn: die Schweiz. Es mag ja Zufall sein, daß jeder Riegel einer beliebten, mit Mandeln verfeinerten Schokolade aus dem Land Tells aussieht wie ein kleiner (süßer) Berg. Das große Ebenbild der »Toblerone« ragt über Zermatt hoch in den Walliser Himmel: das Matterhorn, mit einer exakt vermessenen Höhe von 4477,5 Metern auf Platz sieben in der Liste der höchsten Alpengipfel, aber die garantiert bekannteste Bergsilhouette zwischen Wien und Marseille. Die dramatische Geschichte seiner Erstbesteigung ging 1865 um die ganze Welt. Besucher aus allen Ländern zieht es seit zwei Jahrhunderten in das kleine Alpenland Schweiz, das sich so weltoffen gibt und doch gleichzeitig ganz gerne ein »Sonderzüglein« fährt. Fremde Herren mag man in der Schweiz nicht, das bekamen schon die Österreicher zu spüren; der Föderalismus ist in den Köpfen der Schweizer mindestens so stark verwurzelt wie in den kantonalen Verfassungen.

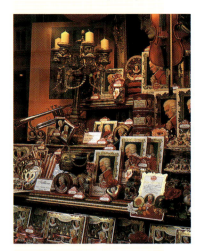

Essen in zünftiger Umgebung: im »Les Houches« in Chamonix (links). – Den Mozartkugeln können Naschkatzen kaum widerstehen (unten).

Bestandsprobe. Autonomie galt bei den Schweizern immer schon mehr als anderswo, und der Weg vom lockeren Verbund einiger Gemeinwesen rund um den Vierwaldstätter See zum Bundesstaat moderner Prägung dauerte nicht nur ein halbes Jahrtausend, er war auch ziemlich beschwerlich; wiederholt drohte sogar ein Auseinanderbrechen der Eidgenossenschaft. Erst ein (heute fast vergessener) Bürgerkrieg, der nicht einmal einen Monat dauerte und mit einem ganz klaren Sieg der liberal-fortschrittlichen Kräfte endete, ebnete einem Land, das nach dem Trauma des Zusammenbruchs der alten Ordnung (1797), nach napoleonischer Besetzung und Restauration um den inneren Frieden rang, den Weg in die Zukunft. Nach dem Ende des Sonderbundskrieges von 1847 erhielt die Schweiz innerhalb von drei Monaten eine moderne Verfassung. So wurde aus dem lockeren, von widerstreitenden Einzelinteressen geprägten (und geplagten) Staatenbund eines der stabilsten Länder Europas.

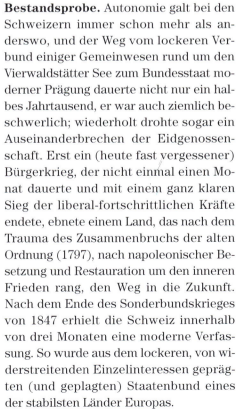

Ein alter Brauch in Südtirol ist das Törggelen im Spätherbst, bei dem zu Kastanien, Nüssen, Hauswürsten und Schweinsrippen der junge Wein verkostet wird (links). Paßt gut zu einem Glas Roten: Schweizer Salami (oben) oder Almkäse (unten).

– *Extremsportarten in den Alpen* –

Klettervariationen extrem: im Eis (oben) und an der Felswand (unten).

In den letzten Jahren immer populärer geworden ist das Canyoning, ein spektakuläres, aber nicht ganz ungefährliches Freizeitvergnügen – hier in der Walliser Massaschlucht.

Der besondere Kick

Sir Leslie Stephen nannte die Alpen »Playground of Europe«, und das vor über hundert Jahren. Um die Mitte des 19. Jahrhunderts waren nur ein paar spleenige Engländer unterwegs, auf Gipfeltour sozusagen; man reiste mit der Kutsche, wanderte in Täler, durch die sich inzwischen an manchen Tagen ein endloser blecherner Tatzelwurm zwängt. Wie würde er wohl heute gucken, der von König Edward VII. geadelte Theologe und Bergsteiger, angesichts seines »Spielparks«? Der Berg ruft sommers wie winters, und die Massen kommen. »Fun« ist angesagt, Abenteuer liegen in der Luft, manchmal im wahrsten Sinn des Wortes: Man übt als moderner Ikarus am Schirm, taucht hervor. Die Unterlage ist weiß und stammt immer öfter aus einer Beschneiungsanlage. Hinauf wird man von Bahnen und Liften getragen; schließlich soll dem Spaß keine allzu große Anstrengung vorausgehen.

ab in düster-enge Canyons, befährt wilde Alpenflüsse und klettert an steinhart gefrorenen Wasserfällen hinauf.
Sports! Die Engländer haben das Virus in die Alpen gebracht, sie stürzten sich bei St. Moritz um die Wette (!) in einen Eiskanal und riskierten dabei Kopf und Kragen; sie mußten unbedingt die allerhöchsten Gipfel der Alpen besteigen, und das natürlich als erste!
Heute rutscht man von allen Bergen herab, auf einem oder zwei Brettern. Carvings und Snowboards heißen die Sportgeräte, jeder Winter bringt mittlerweile ein neues

Andere allerdings lechzen buchstäblich danach, sind süchtig nach Krampf und Qual: Man sieht sie auf dem Rad in den Serpentinen der großen Alpenstraßen, allein im Kampf mit der nicht enden wollenden Steigung, sie mühen sich über senkrechte Felsen und schrammen sich dabei die Finger blutig. Beim alpinen »Ironman« keuchen hagere Gestalten über hohe Pässe und brettern per Bike, vollgefedert natürlich, über Almwiesen und Schotterpisten wieder zu Tal.

Wer nur den Kick sucht, ohne sich dabei schinden zu müssen, springt einfach in die Tiefe, am Gummiseil natürlich und nahezu gefahrlos, vorzugsweise von Brükken. Besonders Wagemutige stürzen sich aus einer Seilbahnkabine ins Nichts, um dann – am elastischen Lebensfaden pendelnd – Angst und Lust herauszuschreien.

Comici mit den Brüdern Dimai als alpinistische Sensation ersten Ranges; im letzten Sommer stieg ein Südtiroler Extremkletterer solo durch die Marmolada-Südwand (800 m hoch, Schwierigkeitsgrad VI+ der Alpenskala) und die Comici-Route (550 m, VII+); da-

Action im Steilfels und in der Luft: Klettern im Wilden Kaiser (großes Bild), Bungee-Jumping im Val d'Anniviers (oben), Paragliding (unten).

Manche Orte, ganz im Trend liegend, bieten den Nervenkitzel bereits als »Paket« an, im Wasser, durch die Lüfte und im Steilfels: Rafting – Paragliding – Klettersteig; das verspricht Action und Fun. Sind die Alpen heute eine Gegenwelt zum Alltag, eine riesige Bühne für hundert Freizeitaktivitäten?
Höher, schneller, weiter – der Rekordsucht sind scheinbar keine Grenzen gesetzt. Im Jahr 1933 galt die Erstdurchsteigung der Nordwand der Großen Zinne durch Emilio zwischen fuhr er mit dem Rad vom Lago di Fedaia zum Patérnsattel, 75 Kilometer und nochmals 2500 Höhenmeter – alles an einem Tag! Sein Eintrag im Gipfelbuch der Großen Zinne lautete recht lakonisch: »Start 6.20 Uhr am Fuß der Marmolada-Südwand, Ankunft 18.40 Uhr am Gipfel; eine etwas längere Tour.« Arena Alpen – ein schier grenzenloses Freizeitvergnügen.

BITTE SEHEN SIE RECHT FREUNDLICH IN DEN ABGRUND!

»Wir waren bequem angestiegen zu dem Bande, und Wundt folgte langsam. (…) Da, gerade als ich eine schmale Stelle passierte, die unangenehmste von allen bisher, wo der Fels eine Wölbung nach außen bildet und jäh abstürzt in die gähnende Tiefe, rief es Halt. Was war das? Da stand er wahrhaftig an der senkrechten Wand und wollte photographieren. Mein Gott, wie das aussah! (…) Im Nu hatte er das dreibeinige Gestell aufgeschlagen und ein schwarzes Tuch über den Kopf gezogen. (…) Hier auf dem schmalen Bande stand der Apparat, dahinter Wundt. (…) Wie leicht konnte dabei ein Unglück geschehen! Doch er beginnt. ›Achtung, bitte sehen Sie recht freundlich in den Abgrund!‹« – Das berichtet die Bergsteigerin Jeanne Immink von der Besteigung der Kleinen Zinne mit dem fotografierenden k.u.k.-Major Theodor Wundt im Jahr 1881.

Der »homo ludens« unterwegs in den Alpen: mit dem Mountainbike im Val Veny (oben), pfeilschnell auf dem Motorrad im Tessin (Mitte) oder gemütlich mit der historischen »Gotthardpost« (unten), Ballon fahrend in der Steiermark (großes Bild) oder auf winterlicher Paßstraße (Sellajoch; rechts).

Als »Zentralpaß der Alpen«, als »Pièce de Résistance« auf dem Weg in den Süden hat man den St. Gotthard bezeichnet, doch er ist noch mehr: Teil des schweizerischen Selbstverständnisses, Spiegelbild der auf Unabhängigkeit bedachten eidgenössischen Seele, vor dem Zweiten Weltkrieg zum Bollwerk, zum Herzstück des »Alpen-Réduits« ausgebaut. Als Transitweg verbindet er aber auch Nordländisches und Mediterranes, Zürcher Geschäftssinn und Tessiner Lebensfreude.

Monti e vino: die italienischen Alpen. Wer nach Italien fährt, hat nicht unbedingt die Berge im Visier; es locken vielmehr die Seen und Meeresstrände von Bella Italia, man besucht antike Stätten, delektiert sich an Kunstwerken. Die italienischen Alpen sind beides – Touristen-

Altes Handwerk wie das Korbflechten wird heute in den Alpen vermehrt gepflegt und geschätzt – hier im savoyischen Vallorcine.

Ein besonders romantischer Winkel des Berner Oberlandes ist das Rosenlauital, überragt von dem Zackengrat der Engelhörner und dem mächtigen Wetterhorn.

ziel und Abwanderungsgebiet. Der Alpeninnenbogen, von den Julischen Alpen im Osten bis zu den Ligurischen Alpen am Mittelmeer, weist neben touristisch übererschlossenen Regionen wie etwa Teilen Südtirols und der Dolomiten auch Regionen auf, die, inzwischen weitgehend entvölkert, wieder zu einer richtigen Wildnis werden. Beispiele dafür entdecken Abenteuerlustige vor allem in den Westalpen, aber auch im Hinterland des Lago Maggiore und in den Karnischen Alpen.

Südtirol. Eine Ausnahmestellung innerhalb der italienischen Alpen nimmt Südtirol ein, nicht nur historisch und kulturell. Die Bevölkerungs- und Wirtschaftsstruktur unterscheidet sich ganz wesentlich von jener der Nachbarregionen, zudem wird eine dezentrale Entwicklung von der Landesregierung gefördert. Und die Lage jenseits des Alpenhauptkamms erweist sich als großer Vorteil für den Fremdenverkehr. Das »Land an der Etsch und im Gebirg'« ist – zumindest aus der Sicht der Nordländer – dem grauen Alltag weit entrückt; so wuchern dann die Klischees, und der Wein tut ein Übriges.

Vive la France! Groß, ja fast schon riesig, ganz anders als andere Regionen der Alpen – und hierzulande weitgehend unbekannt – sind die Französischen Alpen.

– Alter und neuer Tourismus in den Bergen –

Auch schon zu Großvaters Zeiten war der Alpentourismus populär – das bezeugen alte Bilder und Dokumente wie dieses Münchner Magazin von 1901 (oben), die Lithographie »Sommerfrischler auf der Alm« (Hermann Bever, 1845–1921; unten) …

… oder ein Foto von einer Kletterpartie am Findelngletscher bei Zermatt (großes Bild; um 1900). – Informationen zur Geschichte des Alpentourismus gibt das Alpinmuseum von Chamonix (rechts).

Die Entdeckung der Alpen

Das waren noch Zeiten! Man reiste mit der Kutsche, stieg im Grand Hôtel ab und delektierte sich an einer grandiosen Bergkulisse. Beim »Five o'clock tea« wurde über die Lage des britischen Empire und

die neueste Pariser Mode parliert. Ob man anderntags vielleicht die Rigi aufsuchen sollte, um die berühmte Aussicht zu genießen? Das ging auch damals schon recht bequem. Wer sich den langen und beschwerlichen Weg nicht zutraute, konnte ein Pferd mieten oder sich im Tragsessel auf den Berg schaukeln lassen.
Nach dem Bau der ersten Zahnradbahn der Alpen 1871 auf die schweizerische Rigi war's dann aus mit dieser Art des Transports; dafür wurde an der Station Rigi-Kulm noch im gleichen Jahr das Hotel »Schreiber« eröffnet, ein Prachtbau mit dreihundert Betten. Bei schönem Wetter weckten Alphornklänge die Gäste rechtzeitig zum Sonnenaufgang. Gute alte Zeit! Doch wer hat sie eigentlich »entdeckt«, die Alpen? Waren es die Engländer, rastlos unterwegs und stets nach neuen Horizonten Ausschau haltend? Oder gaben Intellektuelle des 18. Jahrhunderts den Anstoß:

Albrecht von Haller, der ein berühmtes Epos über »Die Alpen« verfaßte, und Jean-Jacques Rousseau mit seinen schwärmerischen Naturbeschreibungen? Oder gar der Geheimrat aus Weimar, der uns nicht nur den »Faust«, sondern auch lebendige Reiseschilderungen hinterlassen hat? Mit der Dampfmaschine begann ein neues Zeitalter. Bessere Straßen brachten Handel und Wirtschaft in Schwung, aber auch mehr Menschen in die Alpen: Gäste, Touristen. So wurde der Gastwirt zum Hotelier, der Bergbauer und Jäger zum Bergführer. Denn schon bald begnügten sich manche Besucher nicht mehr damit, die Berge aus sicherem Abstand zu bestaunen. Sie wollten hinauf, zu den Gipfeln!

Dabei gehören nicht nur 20 Prozent der gesamten Alpen zu Frankreich; auch ihr höchster Gipfel, der 4807 Meter hohe Montblanc, liegt hier. Den kennen die Bergsteiger in Zürich und München natürlich, der eine oder andere war vielleicht auch im Pelvoux-Massiv südlich von Grenoble – auch Massif des Écrins genannt – unterwegs, doch dann? Wer ist schon in die Höhlen des Vercors abgetaucht oder hat einmal den Mont Aiguille bestiegen?

Exotisches Bergland. Hinter dem Col du Galibier, der nördlich der Alpen vor allem Rennradlern mit großer Lunge ein Begriff sein dürfte, beginnt der Süden, jener Teil der Französischen Alpen, der Afrika manchmal näher zu sein scheint als dem Genfer See. Die Berge sehen aus, als hätte man ihnen die grüne Haut abgezogen, bunt und bloß stehen sie da mit aufgerissenen Flanken, riesige Geröllhalden ziehen überall zu Tal. Und dann das Licht – intensiv, leuchtende Farben hervorzaubernd: la lumière de la Provence, die Generationen von Künstlern verzaubert und fasziniert hat. Wenn die Alpen überhaupt irgendwo exotisch sind, dann im Südosten Frankreichs, in den Tälern der Durance, der Ubaye, des Verdon, des Var und der Tinée, die sich so tief in den felsigen Untergrund gegraben haben.

So traute man sich um 1880 aufs Gletschereis (ganz oben). Seit 1897 schnauft die Zahnradbahn dampfgetrieben auf den Schneeberg (links). – Wintervergnügen: Schneeschuhwanderungen (unten) – und eine Stärkung mit Panoramablick in Chamonix (oben).

Schluchten prägen das Bild dieser Landschaft ebenso wie die kahlen Bergflanken mit ihren grünen Tupfern. Und erst ganz zuletzt stürzen die Alpen abrupt ab ins Mittelmeer; so ist es auch nicht weiter erstaunlich, daß man von manchem Gipfel übers Wasser bis nach Korsika schauen kann – und im Norden stehen die fernen Eisriesen der Walliser Alpen. Eine Landschaft voller Wunder, so ganz anders als Karwendel und Vierwaldstätter See, sogar mit einem »Tal der Wunder« – der Vallée des Merveilles. Und was die Hirten am Mont Bégo südlich des Col de Tende wohl in den Stein geritzt haben, vor tausend und mehr Jahren – wer mag es verstehen?

Wo die Alpen ins Meer tauchen. Das winzige Fürstentum Monaco an der Côte d'Azur macht in den bunten Blättern weit mehr Schlagzeilen als bei Alpinisten; nach Aufschüttungen ist es nun immerhin

Die Feuerkogelbahn schwebt hoch über dem in Nebel gehüllten Traunsee, links der Traunstein (oben). – Tiefverschneites Ötscherland (unten).

Höher hinauf geht es (zumindest in den Alpen) nicht mehr: beim Anstieg zum 4807 Meter hohen Montblanc-Gipfel.

knapp zwei Quadratkilometer groß. Das begrenzte Terrain wird allerdings optimal genutzt. So vergrößern Hochhäuser die Wohnfläche für Betuchte nach oben; da bleibt zwischen dem Ufersaum und den Felsen dahinter gerade noch genug Platz für ein paar Straßen und einen Grand Prix der Formel Eins. Im Casino verjubeln Reiche die Zinsen ihrer Vermögen, Zocker ihr halbes Leben. Draußen auf dem Wasser schaukeln die Jachten in der sanften Brise. Übers Wasser kam auch die Fürstenfamilie der Grimaldi vor langer Zeit. Oben in den Felsen über dem Ministaat, bereits wieder auf französischem Boden, verläuft die Corniche sublime, eine herrlich altmodische Aussichtsstraße mit beinahe so vielen engen Kurven wie die Route des Grandes Alpes.

Sprachen, Kulturen, Staaten. Was die Alpen zusammenhält, sie noch anwachsen läßt, ist – physikalisch gesehen – der Druck von Süden, anhaltender Schub aus Afrika. Ein Blick ins »Innenleben« zeigt viele Verformungen und noch mehr Vielfalt, auch kulturell. Ein geradezu baby-

ionisches Sprachengewirr herrscht im Alpenraum, und dabei sind jene zahllosen exotischen Sprachen und Dialekte, die in den Hotelküchen, zwischen Spüle und Service, gesprochen und verstanden werden, nicht einmal mitgezählt. »Na svidenje!« sagt man in Slowenien und meint damit »Pfüati!«; »Au revoir!« heißt es im Westen der Alpen, »Baba« bei den Österreichern und »Arrivederci« in Italien. Die Schweizer mögen ihre Röschti über alles, in der Dauphiné schätzt man den Kartoffelgratin, und was wäre Österreich ohne Kaiserschmarren? Vielfältig sind auch die Berge, das Gestein, aus dem sie

Eine Traumroute für erfahrene Bergsteiger ist der Biancograt am Viertausender Piz Bernina (großes Bild), ein vielbesuchtes Gipfelziel der Ortler, Tirols höchster Berg (unten).

geformt sind, verschieden sind Form, Farbe und Oberfläche. Wer möchte die kahlen, sonnengebleichten Gipfel der Hochprovence mit Kärntens Nockbergen vergleichen, den Nordabsturz der Drei Zinnen etwa mit dem des Eigers? Die tiefstehende Sonne verwandelt das Zackenprofil der Brenta in lodernde Flämmchen, ein Kälteeinbruch überzieht die sattgrüne Alm mit fahlem Weiß, und wie ein bleigrauer Spiegel liegt der Grimselsee im letzten verdämmernden Licht.

Zeitlose Schönheit. Die Faszination der Alpen ist ungebrochen, trotz der häßlichen Flecken da und dort. Man muß sie bloß erleben wollen, die Schönheit dieser uralten und doch so jungen, vor Jahrmillionen geschaffenen und nie vollendeten, aber trotzdem wunderbar vollkommenen Berge inmitten Europas. Um sie zu erleben, reicht ein Tag, um sie aber wirklich kennenzulernen, kein Leben.

Abenteuer in der weißen Bergwelt: winterliche Karwendeltour (oben), ein Gletscherbruch (unten).

Wo die Alpen anfangen – oder ausklingen: Weingarten in der Hügellandschaft der südlichen Steiermark.

Von Wien ins Salzburger Land

ROUTE 1

Die Fahrt in den Süden der Alpen und weiter über die Niederen Tauern ins Salzburger Land ist eine allmähliche Annäherung an das Gebirge: vom sanft gerundeten Alpenrand hinein ins Alpenland mit seinen mächtigen Gipfeln.

Route 1

Am Ostrand des Alpenbogens

Die Alpen verlieren hier nach und nach an Höhe, die Bergformen werden sanfter, Gletschergipfel stehen allenfalls am Horizont. Die Täler waren schon früh besiedelt – kulturelle Reminiszenzen entdeckt man überall am Weg. In den Tauern und am Dachstein geht es höher hinauf, bevor das Salzkammergut für einen eher beschaulichen Ausklang der Reise sorgt.

Die Behauptung, *Wien* sei eine Alpenstadt, erscheint angesichts der Nähe von Donau und Neusiedler See eher gewagt. Andererseits haben gerade Wiener Bergsteiger – man denke nur an Paul Grohmann, an Hubert Peterka oder Emil Zsigmondy – viel zur alpinen Erschließung des größten europäischen Gebirges beigetragen, und die Kletterfelsen der Hohen Wand erheben sich gar nicht weit hinter Wiener Neustadt. Einen Teil ihres Trinkwassers bezieht die Millionenstadt seit mehr als hundert Jahren über die Wiener Hochquellenleitungen aus den Kalkmassiven von Schneeberg, Hochschwab und Rax. Und wer an einem Tag mit schönem Wetter, wenn ein frischer Wind aus dem Osten den Smog über den Dächern der Walzerstadt weggeblasen hat, einen Ausflug in den Prater unternimmt, hat vom Riesenrad aus eine Riesenfernsicht bis zu den – im Frühling noch weiß überzuckerten – Alpengipfeln im Südwesten.

Bei festlichen Anlässen trägt man auf dem Land die Tracht – wie hier beim Ausseer Narzissenfest.

In die Berge. Auf der Fahrt über Baden und Bad Vöslau rücken die Höhen allmählich näher, und bei *Markt Piesting* sind die Felsabstürze der Hohen Wand dann fast zum Greifen nahe. In *Puchberg* geraten Eisenbahn-Nostalgiker schwer in Versuchung, denn es lockt eine Fahrt mit der ruckelnden Zahnradbahn auf den Schneeberg. Über Ternitz geht es weiter nach Reichenau an der Rax.

Der tiefe, wildromantische Graben des Höllentals trennt den Schneeberg von der Rax; nahe an die felsige Südflanke des Kalkstocks heran führt die Straße übers Preiner Gschaid. Mehr Wald als Fels begleitet dann die weitere Fahrt durch das obere Mürztal und den Lahnsattel mit seinen gut 1000 Metern Höhe.

Wallfahrten und Naturdenkmal. »*Mariazell* (Bahnhof 849, Ort 862 m), stadtähnlicher Marktflecken in der Steiermark, mit 1600 Einw., der berühmteste Wallfahrtsort Österreichs, auch als Sommerfrische und Wintersportplatz viel besucht, liegt prächtig in einem weiten Wiesengrund, der von bewaldeten Bergen umschlossen ist.« Soweit der Baedeker vor über achtzig Jahren. Seither hat sich die Einwohnerzahl fast verdoppelt, jene der Devotionalien- und Souvenirläden wohl auch. Unberührt von all dem Treiben thront – weithin sichtbar – die dreitürmige Gnadenkirche aus dem 14. und 17. Jahrhundert mit ihrem ganz in Silber ausgeführten Gnadenaltar. Mariazells schönstes Naturdenkmal dagegen versteckt sich hinter der Gemeindealpe: der 10 Kilometer lange, malerische Ötschergraben. 10 Kilometer: Das entspricht etwa der halben Strecke von Mariazell hinauf zum Seebergpaß, auch als Steirischer

In Rennweg am Katschberg begeht man Fronleichnam mit einer langen Prozession – wie noch in vielen Gegenden der Alpen.

Ein Leben im Dreivierteltakt: Johann Strauß.

ROUTE 1

Seeberg – im Gegensatz zum Kärntner Seeberg in den Karawanken – bekannt. Er bildet eine Wasserscheide zwischen Nord und Süd, zwischen Salza und Stübming/Mürz, trennt das Hochschwabmassiv mit seinen 2277 Metern von der Veitschalpe. Stil der Renaissance errichtete Landhaus, einst Tagungsort des steirischen Adels, und die gotische Domkirche. Das Landesmuseum Joanneum präsentiert umfassende Sammlungen zur Botanik, Naturgeschichte und Kunst der Steiermark.

Die Straße über den Seeberg führt am Hochschwabmassiv vorbei und gewährt einen Ausblick ins Seetal.

Wiens Vergnügungspark, der Prater.

»So heftig diese Gewitter waren, am nächsten Morgen war der Himmel heiter, und nur im Tal wogten die Nebel. Es war, als zöge die Almwiese auf den Wolken dahin, ein grünes, feuchtglänzendes Schiff auf den weißen Gischtwellen eines brodelnden Ozeans.«

Marlen Haushofer, Die Wand, 1968

Weinberge, Schneeberge. Von Aflenz ist es nicht mehr weit zur Industrie- und Problemregion um *Kapfenberg*, *Leoben* und *Bruck an der Mur*. Die drei Städte liegen innerhalb der Alpen, freundlich und mit reichlich Grün umrahmt von den Ausläufern der Eisenerzer Alpen und des Hochschwab, von der Gleinalpe und den Fischbacher Alpen. Das kann man von *Graz* nicht mehr behaupten; hier sind die Weinberge näher als die Schneeberge, zieht der Frühling früher ein als anderswo in Österreich. Und der »Steirische Herbst« beschert der Landeshauptstadt nicht nur viele mild-sonnige Tage, sondern auch weit über die Region hinaus wirkende kulturelle Impulse. Den schönsten Blick über das Grazer Feld und die Hügellandschaften links und rechts der Mur genießt man vom Schloßberg, der heute keine Befestigungen mehr trägt, dafür das Wahrzeichen der Stadt, den 28 Meter hohen Glockenturm von 1561. Am Fuß des Schloßbergs liegt die Altstadt mit schönen Plätzen und sehenswerten Bauten. Hervorzuheben sind das aus dem 17. Jahrhundert stammende Landeszeughaus mit der bedeutendsten mittelalterlichen Waffensammlung Europas, das im

Klosterneuburgerinnen – ganz historisch.

Carinthia. Für die Fahrt von Graz nach Klagenfurt braucht man auf der Südautobahn nur anderthalb Stunden. Viel abwechslungsreicher ist jedoch die Berg- und Talfahrt über Voitsberg, Köflach und den Packsattel sowie nach Twimberg über den kahlen, aus alten Gneisen und Glimmerschiefer bestehenden Rücken der Saualpe. Nach Bad St. Leonhard erreicht man das Klippitztörl, von hier geht der Blick weit nach Westen, vorbei am Moorbad Althofen bis hin zu den Gurktaler Alpen. Doch die sind hier nur Kulissenberge eines an kulturhistorischen Sehenswürdigkeiten besonders reichen Landstrichs, den man getrost als Keimzelle Kärntens bezeichnen darf. Der Dom von

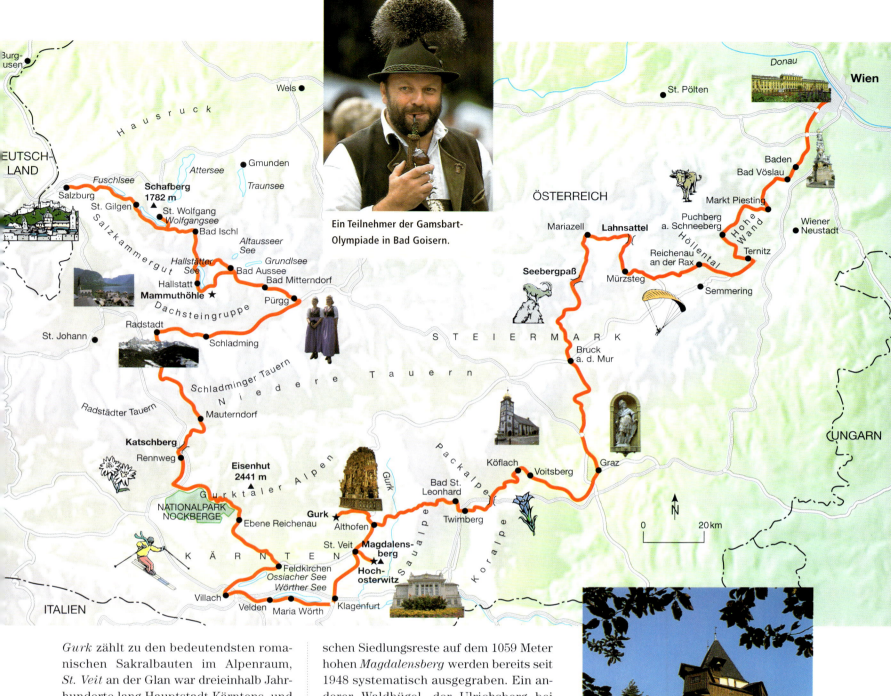

Ein Teilnehmer der Gamsbart-Olympiade in Bad Goisern.

Gurk zählt zu den bedeutendsten romanischen Sakralbauten im Alpenraum, *St. Veit* an der Glan war dreieinhalb Jahrhunderte lang Hauptstadt Kärntens, und *Hochosterwitz* ist die Bilderbuchburg Österreichs schlechthin. Am nahen Zollfeld wurden die Reste des römischen Virunum freigelegt; die keltisch-römischen Siedlungsreste auf dem 1059 Meter hohen *Magdalensberg* werden bereits seit 1948 systematisch ausgegraben. Ein anderer Waldhügel, der Ulrichsberg bei Maria Saal, ist ebenfalls reich an Zeugen der Geschichte; aus seiner römischen Bezeichnung Mons Carantanus ging der Name Kärnten hervor.

Badevergnügen und schöne Aussicht. Längst schon wird Kärnten von *Klagenfurt* aus regiert. Das Wahrzeichen der 90 000-Einwohner-Stadt ist der kolossale Lindwurmbrunnen, Hauptattraktion der Region natürlich Kärntens größtes und schönstes Gewässer, der Wörther See, 16 Kilometer lang und bis zu 84 Meter tief. Im Sommer bietet er eine angenehme Badetemperatur von bis zu 28 Grad und zahlreiche Wassersportmöglichkeiten. Am Südufer des Sees liegt *Maria Wörth* malerisch auf einer Landzunge – ein beliebtes Fotomotiv. Gleich über dem Ort erhebt sich der gut 850 Meter hohe Pyra-

Blick auf Salzburg: Altstadt und Hohensalzburg.

Wahrzeichen von Graz ist der Uhrturm auf dem Schloßberg.

ROUTE 1

Ländliche Idyllen im Osten Österreichs: St. Barbara in Bärnbach, von Friedensreich Hundertwasser gestaltet (oben), eine Schnapsdestillerie in Riegersburg (Mitte), die Kärntner Landespferdeschau (unten), Kürbiskernernte (großes Bild) und der bunte Bauernmarkt in Graz (rechts).

midenkogel; ein Lift bringt uns in luftige Höhen hinauf. Ein Prachtblick über weite Teile von Unterkärnten bietet sich von der Aussichtsplattform; im Süden zeigen sich sehr schön die schroffen Grate der Karawanken. Genau über dem waldreichen Bärental steht der Hochstuhl, der höchste Berg des Grenzkamms. *Velden* am Westufer des Wörther Sees schließlich ist Kärntens elegantester Kurort, sein Blickfang das zum Hotel umgebaute Renaissance-Schloß.

Slawische Wurzeln. Ganz in Kärnten liegt Villachs »Hausberg«, der Dobratsch, auch Villacher Alpe genannt; sein Name erinnert aber – wie so viele hier – an die slawisch geprägte Vergangenheit des Landes. Im Innern des Dobratsch, von dem 1348 ein gewaltiger Bergsturz abging, sammelt sich jenes Wasser, das bei zwei Karstquellen mit 30 Grad zu Tage tritt und im Warmbad Villach genutzt wird.
Ganz so warm wird der *Ossiacher See* auch im Sommer nicht, obwohl der breite

Nockerl, denkt, liegt gar nicht so falsch, denn die Gipfel zwischen Millstätter See und Tamsweg im Norden zeigen, obwohl teilweise von beachtlicher Höhe – so etwa der Eisenhut mit 2441 Metern – überwiegend sanfte Formen. Heute liegen sie zum größten Teil im Nationalpark Nockberge. Ursprünglich hatte man hier allerdings einen riesigen Skizirkus geplant; es war auch gleich eine Straße quer durch die weitgehend unberührte Natur trassiert worden. Nur massiven Protesten aus der Bevölkerung ist es zu verdanken, daß am Königstuhl keine Lifte surren, die vielen Nocken rundherum Wanderberge geblieben sind. Und im Bauernhof Karlbad kann man heute noch wie vor dreihundert Jahren baden, in Trögen aus mächtigen Lärchenstämmen und bis zum Hals im warmen Wasser.

Die »Nockalmstraße«. Sie überquert zwischen den Orten Ebene Reichenau und Krems in Kärnten zwei kleine Wasserscheiden. Von Innerkrems kann man direkt in den Lungau weiterfahren oder den Weg über Rennweg und den 1641 Meter hoch gelegenen Katschbergpaß nehmen. Hinter Mauterndorf, das von seiner stattlichen Burg überragt wird, beginnt die Steigung zum Alpenhauptkamm, über den Twenger Talpaß zum Radstädter Tauernpaß. Oben, in Obertauern, läßt sich dann besichtigen, wie das Nockgebiet heute aussähe, wenn der geplante Skizirkus verwirklicht worden wäre.
Der Radstädter Tauernpaß besaß im Mittelalter einige Bedeutung, weshalb *Radstadt* an seinem Nordfuß auch stark befestigt wurde. Heute ist das Städtchen der Mittelpunkt der Region Dachstein-Tauern. Der Hohe Dachstein versteckt sich

Rücken der gut 1900 Meter hohen Gerlitzen kalte Nordwinde abhält. Auf einem Felssporn über dem unteren Ende des Sees thront die Burgruine Landskron, auch im Verfall noch eine beeindruckend mächtige Anlage. Das nahe *Feldkirchen*, dessen Hauptattraktion die romanische Stadtpfarrkirche Maria Himmelfahrt darstellt, schmücken Biedermeierfassaden.

Runde Wanderberge. Die Gerlitzen liegt am südlichen Rand der *Nockberge*, und wer jetzt an runde Köstlichkeiten, eben

Schloß Eggenberg bei Graz ist heute Museum (oben). – Der Heurige gehört zu Wien wie der Stephansdom und der Prater; die bekanntesten Buschenschenken findet man nicht nur in Maria Enzersdorf (unten), sondern auch in Grinzing, Sievering, Nußdorf, Neustift und Stammersdorf.

Die schöne Burg Hochosterwitz ist das Wahrzeichen Kärntens (links). – In der Klagenfurter Altstadt (unten).

Route 1

Zu den »Hausbergen« der Wiener gehört die Hohe Wand, ein schönes Tourengebiet (oben), das auch im tiefsten Winter lockt (unten).

Mitten im Nationalpark Nockberge (rechts) liegt das alte Karlbad, wo man sich noch heute wie schon im 18. Jahrhundert in großen Holztrögen gesundbaden kann (oben).

allerdings hinter dem breiten, bewaldeten Rücken des Roßbrand. Wer noch etwas hochalpin-dünne Bergluft atmen will, fährt mit der Dachstein-Seilbahn hinauf zum Hallstätter Gletscher.

Skandal zu Metternichs Zeiten. Das touristische Zentrum des obersten Ennstals ist *Schladming* auf 749 Meter Höhe, die schönsten Langlaufloipen bietet das Mittelgebirgsplateau der Ramsau. Während der Weiterfahrt talauswärts kommt bald ein markanter, großer Berg ins Blickfeld: der Grimming. An seinem Ostfuß, beim malerischen Flecken Pürgg, gabelt sich die Straße. Geradeaus geht's via Liezen nach *Admont*, dessen 1074 gegründetes Benediktinerstift vor allem der berühmten Bibliothek wegen einen Besuch verdient, links dagegen ins Salzkammergut. Über Bad Mitterndorf, das auf seiner Großschanze am Kulm schon wiederholt die Skiflug-Weltmeisterschaften ausrichtete, kommt man nach *Bad Aussee*. Da gucken sich vor allem ältere Semester das Geburtshaus von Anna Plochl an; die Liaison zwischen der Tochter eines Postmeisters und Erzherzog Johann, die später trotz aller Widerstände zur Ehe führte, lieferte zu Zeiten Fürst Metternichs schließlich Gesprächsstoff bis weit über den Wiener Hof hinaus.

Die beliebtesten Ausseer Ausflugsziele sind seine beiden Gewässer, der *Altausseer See* und der langgestreckte, von der Trisselwand des Toten Gebirges markant

Das Salzkammergut ist eine der schönsten Urlaubsregionen der Ostalpen: stille Herbstnebel über dem Traunsee (großes Bild)...

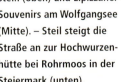

überragte *Grundlsee*. Bad Aussee ist ein Kurort; die Sole wird von Altaussee hergeleitet. Im Salzbergwerk am Sandling versteckten die Nationalsozialisten ab 1943 riesige Bestände von Raubkunst. Nur einer Verkettung glücklicher Umstände ist es zu verdanken, daß die unersetzlichen Kunstschätze beim Anrücken der US-Truppen nicht – wie zunächst beabsichtigt – vernichtet wurden. Bis heute geistert übrigens noch das Gerücht eines im Toplitzsee versenkten Nazischatzes herum...

In Lehárs Heimat. Von Bad Aussee führt die Pötschenpaß-Straße direkt weiter nach Bad Goisern; lohnender ist die Fahrt entlang der Traun über Obertraun zum Hallstätter See, der, rund 8 Kilometer lang, tiefgrün zwischen steilen Hängen liegt. An seinem Westrand klammern sich die Häuser von *Hallstatt* an den schmalen, abschüssigen Uferstreifen beiderseits des Mühlbachs. Hier siedelten Menschen bereits lange vor Beginn unserer Zeitrechnung; nach dem Ort wurde ein Abschnitt der europäischen Eisenzeit (800–400 v.Chr.) benannt.

Mittelpunkt des Salzkammerguts ist *Bad Ischl*, traditionsreiche Sommerfrische und Kurbad, von Kaiser Franz Joseph bis zum Ausbruch des Ersten Weltkriegs regelmäßig besucht und dadurch natürlich Treffpunkt der Hautevolee jener Zeit, vor

Fortsetzung Seite 46

...Gmunden mit dem Traunstein (oben) und Lipizzaner-Souvenirs am Wolfgangsee (Mitte). – Steil steigt die Straße an zur Hochwurzenhütte bei Rohrmoos in der Steiermark (unten).

Blick vom Pyramidenkogel auf den Wörther See mit Maria Wörth und Klagenfurt.

ROUTE 1
– Das Salzkammergut –

Endlose Bergketten und fruchtbare Ebenen

*D*er Name Salzkammergut bezeichnete ursprünglich eine Salinendomäne bei Bad Ischl; später wurde er auf das Gebiet der oberen Traun und ihrer Zuflüsse bis zum Almtal ausgedehnt. Der Altausseer See und der Grundlsee, der Wolfgangsee und der Fuschlsee liegen in der Landschaft, die zum größten Teil zu Oberösterreich gehört, an der jedoch auch Salzburg und die Steiermark Anteil haben. Viel Abwechslung fürs Auge bieten die runden

Ostalpine Bilderbuchlandschaften, mal heiter-verspielt wie in Velden am Wörther See (oben) oder bei Schloß Fuschl am Fuschlsee (unten), dann wieder alpin-herb wie am Hallstätter See (Mitte und großes Bild). – Die Altausseer feiern ihr Narzissenfest (rundes Bild) mit großer Pracht.

Bergkuppen, schroffen Felswände und kahlen Hochflächen des Salzkammerguts; glänzende Seen und dunkle Wälder schaffen eine beinahe traumhaft schöne Stimmung. Die höchsten, scharf profilierten Gipfel des Gebiets schließlich stehen in dem von Gletschern umgebenen Dachsteinmassiv. Schon in den zwanziger Jahren war das Salzkammergut ein so beliebter Ferienort, daß es sich empfahl, während der Hauptreisezeit sein Logis zu reservieren. Die Zeiten ändern sich; im »Weißen Rößl« wird man für 3 bis 7 Schilling kaum mehr ein Zimmer bekommen, und Kurmusik gibt's in Bad Ischl auch nicht mehr dreimal täglich. Dafür rumpelt die Zahnradbahn wie eh und je auf den Schafberg. Und an der Aussicht hat sich ebenfalls wenig geändert: hinaus ins flache Land, hinein ins Gebirge. Von der hohen Warte aus zeigt sich die einzigartige Topographie des Salzkammerguts, die in den Alpen kein Gegenstück hat, gewissermaßen aus der Vogelschau: eine kleinteilige Landschaft mit isoliert stehenden Gebirgsstöcken, schroffen Felsen, runden Wald- und Wiesenbuckeln und vielen Seen. Unmittelbar am Nordfuß des Schafbergs liegt der Attersee, der weit ins Alpenvorland hinausgreift. Darin ist er dem Traunsee ähnlich, auch dem kleineren

Mondsee. Ganz in den Bergen liegen dagegen der Wolfgangsee, und der Hallstätter See ist ein ausgeprägt alpines Gewässer mit jähen Flanken links und rechts.

und Poeten. Nikolaus Lenau schrieb 1831 über seine Traunstein-Tour: »Welche Aussicht! Ungeheure Abgründe in der Nähe,

Blick vom Loser auf den Altausseer See (oben), St. Gilgen am Wolfgangsee (unten).

*Das Salzkammergut, ein Landstrich voller Kontraste: hier wild und unzugänglich, dort freundlich-gediegen, von und mit dem Tourismus lebend. Der hat eine weit zurückreichende Tradition. Bereits im Jahr 1809 veröffentlichte ein königlich bayerischer Universitätsprofessor eine ausführliche Landesbeschreibung, und bald einmal tauchten die ersten Reisenden an den Seen und in den Bergen auf: Erzherzog Johann, der sich um den Bau von Wegen und Hütten verdient machte, Friedrich Simony als wissenschaftlicher Erschließer des Dachsteinmassivs, Maler eine Riesenkette von Bergen in der Ferne und endlose Flächen. Das war einer der schönsten Tage meines Lebens; mit jedem Schritt bergan wuchs mir Freude und Mut. Wenn mir mein Führer sagte: ›Jetzt kommt eine gefährliche Stelle!‹, so lachte ich, und hinüber ging ich mit einer Leichtigkeit, die ich bei kaltem Blute nimmermehr zusammenbrächte und die mir jetzt am Schreibtisch unbegreiflich vorkommt.«
Na denn: auf die Berge!*

HALLSTATT: DAS SALZ AUS DEM BERG

Der Ort gehört seit 1998 ins UNESCO-Inventar des Weltkulturerbes, und zu Recht, denn wie kaum anderswo in den Alpen Österreichs verbinden sich hier Lage und historische Bedeutung zu einem faszinierenden Ensemble. Bis Ende des 19. Jahrhunderts war der Ort nur mit dem Schiff oder über einen schmalen Saumpfad zu erreichen. »So sonderbar, wie Hallstatt gelegen ist, hatte ich bisher noch keinen Ort gesehen. Die Häuser schienen aufeinander zu sitzen, wie sie an das schräge und schmale Ufer hingebaut sind, an welchem sie wie Schwalbennester kleben«, schrieb 1813 der Arzt Franz Sartori, und

so präsentiert sich Hallstatt noch heute. Mit dem Berg, an den es sich buchstäblich klammert, war der Flecken ja von jeher verbunden, denn in seinem Innern lagert ein kostbares Mineral: Salz, vor vielen Jahrmillionen in den Lagunen des Tethysmeeres abgelagert. Seit mindestens 4500 Jahren wird es hier abgebaut; und wie das (heute) vor sich geht, erfährt man auf einer spannenden Führung ins Berginnere.

45

Route 1

Südtiroler Holzschnitzkunst in St. Wolfgang: der Flügelaltar von Michael Pacher (unten). Pürgg im Ennstal (rechts).

Hinter den »sieben Bergen«: die Julischen Alpen

Gerne wird bei einer Beschreibung der Alpen Slowenien vergessen, das ja auch ein Alpenland ist. Da fällt vorschnell das Stichwort »Balkan«, obwohl es von München nach Jesenice oder Kranjska Gora nicht viel weiter ist als bis zum Gardasee. Und wer weiß schon, daß ein paar Kilometer südlich von Villach noch Berge stehen, die es an Höhe und Wildheit locker mit dem Karwendel aufnehmen: die Julischen Alpen, slowenisch Julijske Alpe, italienisch Alpi Giulie genannt. Sie liegen zu zwei Dritteln in Slowenien, zu einem Drittel in Italien. Höchste Erhebung ist der Triglav mit 2864 Metern und einem Gletscher an seiner Flanke. Einen bleibenden Eindruck von der grandiosen Schönheit dieser Berge am Südostrand des Alpenbogens vermittelt die Rundfahrt über die Pässe Vršič (1611 m) und Predil (1156 m): Von Kranjska Gora geht es über Vršič, Bóvec, Passo di Predil, Sella Nevea, Chiusaforte, Pontebba und Valbruna nach Tarvisio, eine Strecke von etwa 130 Kilometern.

Im Herbst kehrt das Vieh von den Almen zurück ins Tal (oben).

allem aus Wien. Man traf sich beim Spaziergang auf der berühmten Esplanade, später vielleicht zum Diner oder zu einem verschwiegenen Tête-à-tête. Gekurt wird auch heute noch in Ischl, und im Kurhaus finden alljährlich Operettenaufführungen statt – eine Hommage an Franz Lehár, der hier mehr als drei Jahrzehnte, bis zu seinem Tod 1948, lebte. Seine Villa beherbergt heute das Ischler Heimatmuseum.

Zur »Salzburger Dolomitenstraße«. Von Bad Ischl ist es nur ein Katzensprung zum *Wolfgangsee* inmitten bewaldeter Uferhöhen. Den Badeort *St. Wolfgang* am Nordostrand des Sees hat das »Weiße Rößl« weltberühmt gemacht. Und vom Gipfel des Schafbergs hat man fast das gesamte Salzkammergut im Blick. Im Süden erheben sich die Gipfel der Dachsteingruppe; eine landschaftlich reizvolle Strecke führt von Strobl über die Postalm ins Tal der Lammer. Hier stößt man auf die etwas hochtrabend als »Salzburger Dolomitenstraße« bezeichnete Route. Die Namensgebung zielt natürlich auf die bizarren Kulissenberge des Gosaukamms mit der Bischofsmütze ab, deren Zackenprofil an berühmte Vorbilder südlich des Alpenhauptkamms erinnert – es grüßt der Rosengarten der Dolomiten.

Ein paar (kleine) Felsen begleiten auch noch die Fahrt vom Wolfgangsee über den Badeort St. Gilgen, aus dem übrigens Mozarts Mutter stammt, nach Salzburg. Über dem *Fuschlsee* erhebt sich der Schober, ein hübscher »Guck-ins-Land«, und schließlich kommt der isolierte Kegel des Gaisbergs ins Blickfeld, Salzburgs Hausberg und ein lohnender Abstecher. Früher wurden auf der Gipfelstraße Autorennen ausgetragen; heute dagegen krei-

Im Salzburger Land: das Bad Ischler Hotel »Sissy« (ganz oben), »Samsontreffen« im Lungauer Mauterndorf (oben), die Gamsbart-Olympiade in Bad Goisern (unten). – Touristenattraktion ersten Ranges: »Jedermann«-Aufführung in Salzburg (ganz unten).

sen schwere Rennwagen drunten im Tal auf dem Salzburgring. Blickfang der großen Alpenschau ist der bayerische Watzmann; stimmungsvoll die Aussicht hinab auf die Mozartstadt *Salzburg*. Die ist nicht nur Endpunkt dieser Reiseroute, sondern ein Reiseziel für sich. Man kann auf den Spuren Mozarts wandeln, eines der vielen Kaffeehäuser besuchen und einfach das besondere Flair dieser manchmal fast südländisch wirkenden Stadt am Alpennordrand genießen…

ROUTE 1

Planen und erleben...

Was wäre Österreichs Küche ohne ihre Nocken?

Die Highlights

WIEN
Über die Hauptstadt Österreichs verschafft man sich den besten Überblick bei einer Fahrt mit dem Riesenrad im Volksprater. Unübersehbar prangt in Wiens Stadtmitte der gotische Stephansdom mit seinen bunten Glanzziegeln; am nahen Graben mit der Pestsäule aus Salzburger Marmor liegen die nobelsten Geschäfte der Walzerstadt. Für Kunstliebhaber gibt es mehr als genug zu sehen: etwa das Kunsthistorische Museum, die Belvedere-Schlösser oder auch das Hundertwasser-Haus.

↓	Entfernungen	↑
km	**Wien**	894
	77 km	
77	**Puchberg**	817
	107 km	
184	**Mariazell**	710
	115 km	
299	**Graz**	595
	86 km	
385	**Bad St. Leonhard**	509
	123 km	
508	**Klagenfurt**	368
	172 km	
680	**Mauterndorf**	214
	107 km	
787	**Bad Mitterndorf**	107
	107 km	
894	**Salzburg**	km

SCHNEEBERG
Natürlich hat der Berg seinen Namen nicht ganz zufällig bekommen, trägt der Zweitausender doch bis weit in den Frühling hinein eine weiße Haube. Der höchste Gipfel Niederösterreichs ist ein beliebtes Ausflugsziel der Wiener und Wallfahrtsort aller Eisenbahnfreaks. Denn von Puchberg geht's mit Dampf an der Zahnstange zur Station Hochschneeberg, die auf fast 1800 Metern liegt! Gut eine Stunde benötigt das Züglein für die 10 Kilometer lange Bergstrecke; zu Fuß ist es dann bis zum Klosterwappen (2076 m),

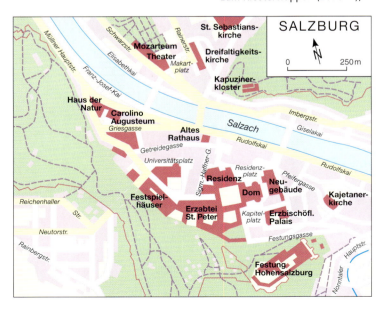

Wien, die Weltstadt am Rand der Alpen: der Graben mit der Pestsäule.

dem Gipfel des Schneebergs, und zum großen Panorama noch gut eine Stunde.

Das »Café Central«, ein Wiener Kaffeehaus mit Tradition.

DOM VON GURK
Der bedeutendste Sakralbau Kärntens liegt weitab der großen Verkehrswege und Städte in der Waldeinsamkeit der Metnitzer und Wimitzer Berge: der Dom von Gurk, Ziel vieler Wallfahrer. Von 1142 bis 1200 erbaut, gilt er – trotz späterer Veränderungen – als eine der schönsten Kirchen der Hochromanik im Alpenraum. Die dreischiffige Pfeilerbasilika mit den beiden Fronttürmen, die 1682 ihre Zwiebelhauben bekamen, bewahrt neben einer guten Ausstattung, etwa dem Hochaltar von 1638, hervorragende Fresken aus dem frühen 13. und dem 14. Jahrhundert; einzigartig ist die Raumwirkung der hundertsäuligen Krypta.

DACHSTEINHÖHLEN
Die Höhlen des Dachsteins können in Führungen besucht werden: gefrorene Wasserfälle, Riesendome, unterirdische Wasserläufe und filigrane Kalkablagerungen – eine Welt voller Wunder. Die von Obertraun ausgehende Dachstein-Seilbahn erleichtert den Zugang zur Rieseneishöhle und zur Mammuthöhle. An der Traun befindet sich der Eingang zur Koppenbrüllerhöhle, ebenfalls mit prächtigen Tropfsteinbildungen.

ST. WOLFGANG UND DER SCHAFBERG
Das »Weiße Rößl« kennen auch unmusikalische Gemüter oder solche, die sich lieber Punk und

Rien ne va plus? Casino in Baden.

Rock zu Gehör führen. Doch der schmucke Flecken am Nordufer des Wolfgangsees hat mehr zu bieten als ein weltberühmtes Gasthaus. Die spätgotische Wallfahrtskirche bewahrt im Flügelaltar das Hauptwerk des Südtirolers Michael Pacher, und über dem Dorf erhebt sich die »Rigi des Salzkammerguts«, der Schafberg. Der gewährt bei Schönwetter nicht nur ein ähnliches Seen-Berge-Panorama wie der Innerschweizer Gipfel; er hat ebenfalls eine Zahnradbahn, die jeden Sommer die 6 Kilometer lange Bergstrecke hinauffährt. So kommt man ganz bequem zur großartigen Aussicht.

SALZBURG

Allein schon wegen seiner hübschen Altstadt und der Renaissance-Residenz ist der ehemali-

DIE WICHTIGSTEN BERGE UND PÄSSE	
Schneeberg	2076 m
Rax (Heukuppe)	2007 m
Seebergpaß	1253 m
Hochschwab	2277 m
Hochstuhl	2237 m
Dobratsch	2166 m
Nockberge (Eisenhut)	2441 m
Katschbergpaß	1641 m
Radstädter Tauernpaß	1739 m
Hoher Dachstein	2995 m
Schafberg	1782 m
Bischofsmütze	2459 m
Gaisberg	1287 m
Watzmann	2715 m

Das alpine Schaustück des Oberennstals: die felsige Südfront des Dachsteins.

Hoch in den Nockbergen.

ge Bischofssitz einen Besuch wert. Aus dem 17. Jahrhundert stammt der imposante Dom aus dunkelgrauem Nagelfluh. Unbedingt sehenswert ist auch die Festung Hohensalzburg, die malerisch über der Stadt thront. Schön ist ein Bummel durch die hübschen Gassen – vielleicht nicht gerade zur Festspielzeit, denn dann ähnelt die Mozartstadt einem Bienenkorb.

Tips für unterwegs

SEMMERING-WANDERWEG

Einmal Bahnwandern statt Bahnfahren: auf dem 23 Kilometer langen Weg entlang der historischen Ghega-Semmering-Linie, vom Scheiteltunnel am Semmering nach Gloggnitz hinunter, etwa 5 Stunden.
Den besten Blick auf die kühn angelegte Trasse mit dem Viadukt »Kalte Rinne« bietet die Aussichtswarte Doppelreiterkogel; vom Bahnhof Eichberg schaut man auf die Adlitzgräben, auf Sonnwendstein und Semmering sowie zur Burg Wartenstein.

Grüne Steiermark: Seewiesen in der Alpenregion Hochschwab.

AUF SCHUSTERS RAPPEN

Die Mittelgebirgshöhen im Osten und Südosten des Alpenbogens bilden ideale Wanderreviere, geeignet auch für Familien und hochalpin Unerfahrene. Fast unerschöpflich sind die Möglichkeiten im waldreichen Hinterland Wiens; zahlreiche markierte Wege bietet auch die Mariazeller Gegend, und auf den Spuren Peter Roseggers wandelt man in den Fischbacher Alpen. Westlich von Graz laden Pack-, Kor- und Saualpe zu aussichtsreichen, mäßig anstrengenden Höhenwanderungen. Und gleich dreierlei miteinander verbinden kann man rund um die Kärntner Seen: wandern, baden – und einkehren zur gemütlichen Jause.

SOUVENIRS

Wien bietet für jeden Geschmack und Geldbeutel etwas. In der Kärntner Straße stehen Trachten- und Kristallüstergeschäfte – und das weltberühmte »Café Sacher«. Einen Besuch wert ist samstags der betriebsame Flohmarkt am Naschmarkt.
In Österreich gibt es noch viele Werkstätten für traditionelle Handwerkskunst wie Trachten, Stickereien, Holzschnitz- und Kunstschmiedearbeiten.

Badeplausch an Kärntens größtem Gewässer, dem Wörther See.

WATZMANN UND KÖNIGSSEE

Bei der Frage nach den größten Sehenswürdigkeiten der bayerischen Alpen tippen romantische Seelen – wen wundert's? – auf das Märchenschloß Ludwigs II. Neuschwanstein lockt die Besucher geradezu in Massen an. Naturfreunde denken eher an den Königssee, Bergsteiger dagegen an die Watzmann-Ostwand. See und Wand bilden ohne Zweifel eines der eindrucksvollsten Ensembles überhaupt im Alpenraum.
Um nicht weniger als 2000 Meter überragt der riesige Ostabsturz des Watzmanns den fjordartigen, etwa 8 Kilometer langen

See. Einen besonders schönen Blick auf das Gewässer und seine Kulisse bietet der Spaziergang zum Malerwinkel. Sehr beliebt sind natürlich im Sommerhalbjahr die Schiffahrten samt »Trompetenecho« und längerem Halt bei der Anlegestelle St. Bartholomä. Der originelle Kirchenbau in Kleeblattform stammt aus dem frühen 17. Jahrhundert. Die drei Konchen des Chores sind mit Altären der Heiligen Bartholomäus, Katharina und Jakobus d. Ä. ausgestattet.

Der Hauptplatz in Villach ist im Sommer ein Freiluftcafé.

Beeindruckende 10 Kilometer lang ist der Eisstrom der Pasterze am Großglockner, dem mit 3797 Metern höchsten Gipfel Österreichs.

Vom Bodensee durch Tirol nach Salzburg

ROUTE 2

Tirol ist das alpine Musterland, bei dem man unwillkürlich an Gletscherberge denkt und gleich Urlaubslaune bekommt. Innsbruck gilt als heimliche Hauptstadt der Ostalpen, und die Großglockner-Hochalpenstraße in Osttirol ist die wohl beliebteste Paßstraße der Alpen.

Unter dem Alpenhauptkamm

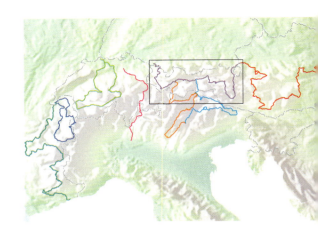

Die Fahrt vom Bodensee nach Salzburg ist eine Reise zwischen Kalkalpen und Zentralalpen. Die hohen, vergletscherten Berggrate des Alpenhauptkamms sind eindrucksvolle Kulisse, die Großglockner-Hochalpenstraße zeigt die Tauerngipfel in ihrer ganzen Pracht, und in den Tälern entdeckt man schließlich Zeugnisse der langen, von vielen Brüchen geprägten Siedlungsgeschichte der Alpen.

Wer vom Hafen in *Lindau* über den Bodensee nach Süden schaut, hat bei Schönwetter das Alpenpanorama direkt vor sich: Hoher Freschen, Drei Schwestern, Calanda, Pizol, Alvier und Säntis. Ein ganzes Stück näher, in der östlichsten Seebucht, liegt *Bregenz*, die Landeshauptstadt Vorarlbergs und berühmt für ihre Festspiele, die im Sommer auch auf dem Wasser vor der Seepromenade stattfinden. Im Rücken der Stadt erhebt sich – bequem per Schwebebahn erreichbar – der Pfänder, und in seinem Panorama zeigt sich natürlich noch viel mehr Gipfelprominenz. Zudem hat man fast den gesamten Bregenzer Wald im Blick, dessen Höhenzüge nach Süden hin allmählich bis zum Zitterklapfen ansteigen. Hinter der Damülser Mittagspitze versteckt sich die markante Senke des Faschinajochs, über das eine Straße via Damüls ins Große Walsertal führt. In Hittisau empfiehlt sich ein Besuch des Alpensennereimuseums; bei Au im Mellental, am Fuß der rund 2000 Meter hohen Kanisfluh gelegen, läßt es sich herrlich bergwandern. Zehn Kilometer weiter liegt *Damüls* in knapp 1500 Meter Höhe. Berühmt wurde der Ort durch die Fresken der Pfarrkirche aus dem späten 15. Jahrhundert, die man erst vor rund fünfzig Jahren freilegte. Und ein kleiner Abstecher nach *Schwarzenberg*, dem Heimatort der Malerin Angelika Kauffmann, lohnt schließlich nicht nur aufgrund der reizvollen Umgebung, sondern auch wegen der Apostelbilder der kleinen Pfarrkirche, die die damals erst 16jährige Angelika schuf.

Die Kraft der Seen. Bei Bludenz mündet von Südosten das Hochgebirgstal Montafon, und die vielen Hochspannungsmasten zeigen an, daß am Oberlauf der Ill Wasserkraft in Strom verwandelt wird. Mit ihren Stauseen und Werksanlagen prägen die Kraftwerke das Tal, auch wirtschaftlich. Wer kann sich etwa die Scheitelstrecke der Silvretta-Hochalpenstraße ohne den Vermunt-Stausee oder den milchiggrünen, zweieinhalb Kilometer langen Silvretta-Stausee vorstellen? Jenseits der Bieler Höhe, im oberen Paznauntal, erinnern die nagelneuen Lawinenschutzbauten des Ortes Galtür an das schreckliche Lawinenunglück vom Winter 1999. Auch im nahen Ischgl, das gerne mit seinen winterlichen Mega-Events wirbt, ging damals die Angst um.

Express-Anschluß. *Landeck*, am Zusammenfluß von Sanna und Inn gelegen und von einer Burg überragt, kämpft weniger mit Natur- als vielmehr mit Verkehrskatastrophen; deshalb wird auch hier gebaut und verbaut. Eine faszinierende Schau über Täler und Berge des Tiroler Oberlands bietet der Venetberg; Blickfang im Nordosten ist der Tschirgant. An

Ein im Tiroler Oberland verbreiteter Faschingsbrauch ist das Schellerlaufen, meist mit einem prächtigen Festzug verbunden.

Der Bregenzer Wald ist eine abwechslungsreiche Mittelgebirgslandschaft zwischen Bodensee und Lechtaler Alpen.

Der Stengellose Enzian – Gentiana acaulis – ist der Star unter den Alpenblumen.

ROUTE 2

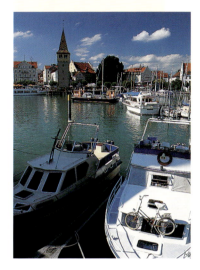

Die Alpen als ferne Kulisse: am Lindauer Bodenseehafen.

Weit geht der Blick von der Bielerhöhe über den milchiggrünen Silvretta-Stausee.

»Wo die Eismengen geborsten und zertrümmert waren, hatte sie an der Oberfläche der Schnee bedeckt, mit den Seitenflächen sahen sie grünlich oder bläulich schimmernd aus dem allgemeinen Weiß hervor, weiter aufwärts, wo die Gletscherwölbung rein dalag, war sie mit Schnee bedeckt.«

Adalbert Stifter, *Der Nachsommer*, 1857

seinem Fuß liegt *Imst*, von Süden mündet hier das rund 40 Kilometer lange Pitztal. Einst fast ein »End' der Welt«, hat es mit seiner Tunnelbahn »Pitzexpress« und einem Gletscherskigebiet inzwischen Anschluß an moderne Zeiten gefunden.
Sehr viel früher setzten die Ötztaler auf den Tourismus, und als Auguste Piccard 1931 nach seinem Stratosphärenflug auf einem Gletscher bei Obergurgl landete, standen in *Oetz* bereits die ersten Hotels. Die mautpflichtige Straße über das fast 2500 Meter hoch gelegene Timmelsjoch in den Süden Tirols gab es damals allerdings

Ein Traumbild für Eisenbahnfans: der Trisannaviadukt der Arlbergbahn mit Schloß Wiesberg, nahe Landeck.

noch nicht; Mussolini ließ zwar in den dreißiger Jahren eine Trasse aus dem Passeiertal Richtung Joch vorantreiben, doch blieb diese – als Folge des Achsenbündnisses – unvollendet.
Wer von Oetz über Kühtai ins Sellraintal wollte, hatte früher einen langen, anstrengenden Fußmarsch vor sich. Heute führt eine steile Straße über den Kühtair Sattel, zahlreiche Lifte erschließen das schneesichere Skigebiet zwischen dem Pirchkogel – im Sommer ein lohnender Wandergipfel – und dem Pockkogel.

Alte Mauern. Auf der Talfahrt kommt bald einmal der hohe Grat der Karwendelkette mit dem eigenwilligen Felsturm »Frau Hitt« ins Blickfeld, hinter Kematen dann die Tiroler Landeshauptstadt *Innsbruck*. Alle Welt guckt sich in der Altstadt das Goldene Dachl aus der Zeit um 1500 an; keinesfalls fehlen im Besichtigungsprogramm dürfen die schönste Flaniermeile zwischen München und Bozen, die Maria-Theresien-Straße, die Triumphpfor-

te und die Hofkirche mit ihren berühmten »Schwarzen Mandern«, den 28 überlebensgroßen Bronzefiguren, die den Marmorsarkophag von Maximilian I. flankieren. Der Kaiser ist allerdings gar nicht hier begraben, sondern in Wiener Neustadt; dafür fand ein berühmter Tiroler in dem Gotteshaus seine letzte Ruhestätte: Andreas Hofer.
Viel Sehenswertes bietet auch Innsbrucks Nachbarort *Hall in Tirol*, das sich dank der ergiebigen Salzstöcke im Halltal schon früh zu einem blühenden Handelsplatz entwickelte. Wahrzeichen des Städt-

Blütenpracht im Bregenzer Wald.

chens ist der zwölfeckige Münzerturm der Burg Hasegg; im Bergbaumuseum kann man sich über die Geschichte der Salzgewinnung informieren. Wer weiß beispielsweise, daß Brennholz dazu sogar im fernen Unterengadin geschlagen und über den Inn verfrachtet wurde, so daß beinahe der gesamte Waldbestand des heutigen Schweizer Parc Naziual diesem Raubbau zum Opfer fiel?
Hall war von 1486 an auch Münzstätte; Kupfer und Silber für die Kreuzer, Sechser und den »Pfundner« lieferten die

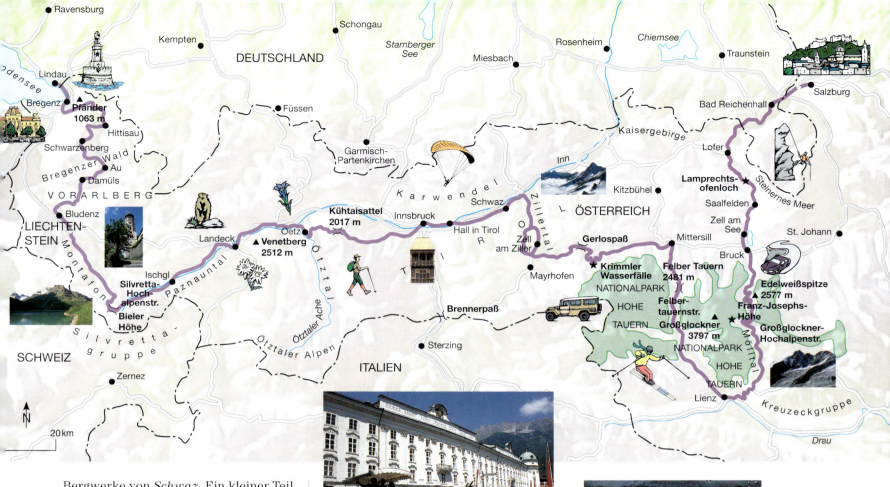

Bergwerke von *Schwaz*. Ein kleiner Teil der verzweigten Anlagen kann bei Führungen besichtigt werden. Mit den Spätfolgen des Bergbaus haben die Schwazer allerdings heute so ihre Probleme, denn es droht Gefahr von einem völlig durchlöcherten Felsen über dem Ort.

Zillertaler Dampfromantik. Auf und nicht in den Berg wollen die meisten Besucher, die das *Zillertal* besuchen, zu Fuß,

Das obere Paznauntal – hier bei Galtür – ist ein besonders abwechslungsreiches Wandergebiet.

Die kaiserliche Hofburg in Innsbruck erinnert an die Zeiten der Donaumonarchie.

mit der Seilbahn oder im Winter auf zwei Brettln im »führigen Schnee«. Jenbach liegt gegenüber dem Taleingang, und wer Dampfromantik mag, der darf die halbstündige Ruckel-Zuckel-Fahrt hinauf zum Achensee keinesfalls versäumen.

Auch das dichtbesiedelte Zillertal hat sein Nostalgiebähnchen – das ebenfalls von Jenbach aus südlich über Zell am Ziller bis Mayrhofen im weiten Talschluß fährt – nebst einer (oft hoffnungslos verstopften) Talstraße. Weit weniger Verkehr, dafür entschieden mehr Aussicht vom Feinsten bietet eine Strecke, die heute als Zillertaler Höhenstraße firmiert, im wesentlichen aber aus Forst- und Almwegen hervorging. Sie mißt zwischen Ried im Zillertal und Hippach rund 40 Kilometer und erreicht am Arbiskogel ihren höchsten Punkt. Da trifft man häufig auch auf Biker, die ihre Benzinkutsche im Tal gelassen und den Berg mit Muskelkraft gemeistert haben – bravo!

Hauptort des Zillertals ist *Mayrhofen*. In der Nähe des stattlichen Fleckens münden gleich vier Täler, die man hier auch

Mit der Schmalspurbahn geht es gemütlich durchs Zillertal.

Die Großglockner-Hochalpenstraße beim Fuscher Törl.

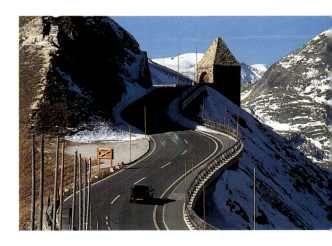

ROUTE 2

Opernspektakel in Bregenz: Bühnenbild zu Verdis »Maskenball« (oben). – In den Bregenzer Wald kann man im Sommer auch mit dem Dampfzug reisen (bei Reuthe; unten). – Am grünen Inn liegt die Tiroler Landeshauptstadt (großes Bild); ihre bei weitem berühmteste Attraktion ist das Goldene Dachl (rechts).

»Gründe« nennt: Ziller-, Stillupp- und Zemmgrund, dazu das Tuxer Tal westlich von Mayrhofen mit dem bekannten Sommerskigebiet an der »Gefrorenen Wand«. Wintersport ist auch Trumpf am Gerlospaß, der das Zillertal und den Pinzgau verbindet; leider kommt dabei immer mehr Natur »unter die Bretter«, wie als eines der jüngsten (und häßlichsten) Beispiele die Wilde Krimml beweist: Kommerz geht vor Naturschutz.

Tosende Wasser. Gerettet sind dagegen die einzigartigen *Krimmler Wasserfälle*, die in mehreren Kaskaden am Eingang des Krimmler Achetals herabstürzen und heute innerhalb des Nationalparks Hohe Tauern liegen. Das gilt auch für die übrigen Pinzgauer Tauerntäler, die sich salzachabwärts in auffallender Regelmäßigkeit aneinanderreihen, alle strikt nach Süden ausgerichtet – wie etwa das Felbertal, das bei Mittersill mündet. Der Felber Tauern war ja bereits in grauer Vorzeit ein rege benützter Alpenübergang; die Fahrt auf der modern ausgebauten Felbertauernstraße ist landschaftlich recht abwechslungsreich. Seit 1967 muß

man allerdings nicht mehr über den Berg, denn ein 5,3 Kilometer langer Straßentunnel führt unten durch, den salzburgischen Pinzgau mit Osttirol verbindend.

Der Mann im Eis: »Ötzi«

Fünfzig Jahrhunderte lang lag er im Eis, bei Temperaturen unter dem Gefrierpunkt konserviert. Dann gab ihn das zurückweichende Eis frei. Von Touristen entdeckt, von Wissenschaftlern seziert, ruht (?) die Gletschermumie heute im Bozener Archäologiemuseum. Durch ein Guckloch kann man die sterblichen Überreste jenes Mannes betrachten, der 3000 Jahre vor Christi Geburt in den Ötztaler Alpen unterwegs war. Doch weshalb nahm »Ötzi« seinen Weg über das vergletscherte Hauslabjoch (3209 m) und nicht über einen bequemeren, niedrigeren Übergang? Mit Lederstiefeln, Mantel und Fellmütze war er zwar gegen Kälte einigermaßen gewappnet, doch in dem Schneesturm, der ihn wohl am Paß überraschte, verlor er die Orientierung und erfror schließlich. Der Mann aus dem Eis hatte Pfeil und Bogen dabei, ein Bronzebeil, zwei Dolche, ein Traggestell und Seile sowie Gerätschaften, mit denen er Feuer machen konnte.

Erst nach über 5000 Jahren gab ihn das Eis wieder frei: »Ötzi« (unten). – Zillertaler Hochgipfel (oben).

Berg- und Talfahrt am Rettenbachferner (oben) und durch den Pinzgau (unten).

Gletscherwelt Hohe Tauern. Jenseits des Tunnels, also bereits auf Osttiroler Boden, zweigt rechts eine Straße zum Matreier Tauernhaus und weiter nach Innergschlöß ab – ein Abstecher, den Naturfreunde nicht versäumen sollten. Hoch über dem Talschluß thront der Großvenediger, mit 3666 Metern der zweithöchste Gipfel der Hohen Tauern und inmitten des Nationalparks gelegen. Ganz nah an die eisige Zunge des Schlatenkees heran führt der »Gletscherweg Innergschlöß«, ein vierstündiger Rundweg mit vielen interessanten Informationen zum Werden und Vergehen der alpinen Gletscher.

Der »Monarch« der Alpen. Politisch gehört Osttirol zum Bundesland Tirol, von dem es aber seit 1919, als Südtirol an Italien abgetreten wurde, getrennt ist; seine Wasser fließen nach Süden, über die Isel zur Drau. Sein Klima ist jedoch viel mehr inneralpin als mediterran, obwohl *Lienz* die längste Sonnenscheindauer in ganz Österreich verzeichnet. Die markant-zackige Kulisse der Bezirkshauptstadt sind die Lienzer Dolomiten mit der 2772 Meter hohen Sandspitze im Süden; die höchsten Gipfel Osttirols stehen jedoch im Alpenhauptkamm: der 3797 Meter hohe Großglockner und der Großvenediger. Das langgestreckte Virgental – das mit viel Natur und einer ausgesprochen wäßrigen Sensation aufwartet, den Umbalfällen, die zu den wasserreichsten der Alpen gehören – mündet bei Matrei ins Iseltal, das sich bis Lienz erstreckt. Einen phantastischen Blick auf den Großglockner bietet auch der beliebte Ferienort *Kals*, von Huben an der Isel auf guter Straße erreichbar. Sie setzt sich als Kalser Glocknerstraße taleinwärts noch bis zum Lucknerhaus in gut 1900 Meter

Fortsetzung Seite 62

ROUTE 2 – Der Nationalpark Hohe Tauern –

Mensch und Natur im Einklang

*E*in schriller Pfiff – und abrupt endet das drollige Treiben, verschwinden die Tiere wie vom Erdboden verschluckt in ihren Bauten. Ein paarmal noch kreist der Adler über dem Karwinkel, ehe er, die Thermik nutzend, ins Nachbartal wechselt. Schon nach wenigen Minuten taucht das erste Murmeltier wieder auf, zunächst mißtrauisch in alle Richtungen witternd: Gefahr verzogen? Die Sonne steht hoch, auf den kargen Wiesen leuchten (edel-)weiße

Sterne, und vom nahen Gletscher weht eine kühle Brise herüber.

So stellt man sich einen Nationalpark in den Alpen vor, und der Tauernpark erfüllt all diese Erwartungen. Mit einer Fläche von etwa 1800 Quadratkilometern ist er sogar der größte in ganz Österreich. Der Weg bis zu seiner Realisierung war allerdings so steinig wie die Pfade, über die man hinaufwandert in die stillen Hochgebirgsregionen. Erst einmal mußten sich die drei beteiligten Bundesländer Salzburg, Tirol und Kärnten einigen, dann waren Ansprüche der in Österreich (über-)mächtigen Energiewirtschaft abzuwehren, es drohte ein Skizirkus am Großvenediger, Bauern und Jäger pochten auf alte Rechte. Und quer durch das Schutzgebiet verläuft mit der Großglockner-Hochalpenstraße eine der am stärksten frequentierten Alpenstraßen überhaupt. Fast ein Wunder, daß der Park doch zustande kam. Im Jahr 1981 wurden die ersten rund 200 Quadratkilometer in Kärnten unter Schutz gestellt, heute erstreckt sich der Nationalpark von Krimml bis zur Hochalmspitze mit Sonderschutzgebieten im Oberpinzgau, rund um den Großglockner und in der Ankogelgruppe. Neben hochalpinen, teilweise vergletscherten

Der Nationalpark umfaßt hochalpine Gebiete – hier am Großvenediger (oben) und am Großen Wiesbachhorn (großes Bild) – und Täler wie das Rauriser Tal (Mitte) und das Felbertal (unten). – Weit verbreitet: Murmeltiere (rundes Bild).

Regionen umfaßt er auch weite Almgebiete und Waldreviere, also Landstriche, die keineswegs »unberührt« sind, sondern sich als Ergebnis einer jahrhundertelangen

Das Krimmler Achental (oben). Alpenschätze: blaue Glockenblumen (unten) und Bergkristalle (links unten).

bäuerlichen Bewirtschaftung darstellen. Kulturland wird hier ebenfalls geschützt, und dabei soll der Mensch nicht ausgesperrt, sondern mit einbezogen werden. Kein leichtes Unterfangen, ist der Park vor allem auch eine touristische Attraktion. So sind Konflikte unvermeidlich, es werden immer wieder Erschließungsprojekte lanciert, jüngst etwa die Idee einer Seilbahn aus dem Rauriser Tal auf das Schareck mit Anbindung an das Skigebiet Wurtenkees, das mit Innerfragant über eine unterirdische Standseilbahn verbunden ist. Bis heute ist dem Nationalpark Hohe Tauern auch die internationale Anerkennung versagt geblieben, da nur 2,5 Prozent der Gesamtfläche des Parks unter absolutem Schutz stehen.

Wichtigste Nationalpark-Gemeinden sind im Pinzgau Krimml, Neukirchen, Mittersill, Kaprun und Rauris, im Pongau Badgastein, in Osttirol Prägraten, Matrei, St. Jakob in Defereggen und Kals, in Kärnten Heiligenblut, Mörtschach und Mallnitz.

ENERGIE AUS DEN ALPEN: DIE »WEISSE KOHLE«

Was angesichts der Debatten über Atomstrom und Kohlekraftwerke leicht in Vergessenheit gerät: Die alpinen Wasserkraftwerke erzeugen einen erheblichen Anteil jener elektrischen Energie, die in den umliegenden Ballungsräumen verbraucht wird. In der Schweiz produzieren sie fast jede zweite Kilowattstunde, in Österreich ist es sogar noch etwas mehr. Die ersten Elektrizitätswerke der Alpen entstanden gegen Ende des 19. Jahrhunderts in den französischen Alpen; hier erkannte man zuerst das Energiepotential, das in der »houille blanche«, der weißen Kohle, steckt.

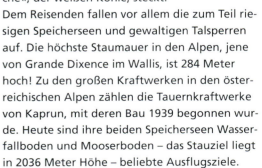

Dem Reisenden fallen vor allem die zum Teil riesigen Speicherseen und gewaltigen Talsperren auf. Die höchste Staumauer in den Alpen, jene von Grande Dixence im Wallis, ist 284 Meter hoch! Zu den großen Kraftwerken in den österreichischen Alpen zählen die Tauernkraftwerke von Kaprun, mit deren Bau 1939 begonnen wurde. Heute sind ihre beiden Speicherseen Wasserfallboden und Mooserboden – das Stauziel liegt in 2036 Meter Höhe – beliebte Ausflugsziele.

An der Nordrampe der Großglocknerstraße geht der Blick zum Großen Wiesbachhorn.

ROUTE 2

Das Kärntner Mölltal liegt zu Füßen des Großglockners (oben). – Die Mandlwand am Hochkönig, dem »Ewigen Schneegebirge« (unten).

Höhe fort, und wer Wanderschuhe und Rucksack dabei hat, kann in drei Stunden zur Stüdlhütte aufsteigen. Da ist man dem »Monarchen« der österreichischen Alpen dann bereits sehr nahe; der Stüdlgrat, einer der Gipfelanstiege, ist allerdings eine reine Klettertour – nur mit Bergführer!

Elegante Pyramide im Fels. Der tiefe Einschnitt des Iselsbergpasses verbindet das Lienzer Becken mit dem Tal der Möll. An deren Oberlauf liegt Heiligenblut, der südliche Ausgangspunkt der berühmten *Großglockner-Hochalpenstraße*. Sie bietet – keine Frage – eine Fülle faszinierender Hochgebirgsbilder, doch an schönen Sommertagen muß man das wunderbare Tauerngipfel-Panorama von der Edelweißspitze oder den Blick über den fast 10 Kilometer langen Gletscher, das sogenannte Pasterzenkees, auf die elegante Felspyramide des Großglockners eben mit Tausenden von Ausflüglern teilen, und die Suche nach einem Parkplatz entlang der Strecke gestaltet sich dann zu einer wahren Geduldsprobe.

Bei den Häusern von Ferleiten endet die Paßfahrt; durch das Fuscher Tal führt die Straße hinaus zur Salzach. Da sind es nur noch ein paar Kilometer nach Bruck mit seinem Schloß Fischhorn und weiter nach *Zell am See*. Der traditionsreiche Ferienort liegt auf dem Schwemmdelta des Schmittenbachs am Westufer des 4 Kilometer langen und bis 70 Meter tiefen Zeller Sees; auf die knapp unter 2000 Meter liegende Schmittenhöhe, einen der

Wasser trieb früher überall in den Alpen Getreidemühlen an – hier die Islitzer Mühle in Prägraten (oben). – Ein besonderes Spektakel bieten die Krimmler Wasserfälle (rechts).

schönsten Aussichtspunkte der Kitzbüheler Schieferberge, führt eine Seilschwebebahn. Natürlich kann man hier im Winter auch Ski fahren, noch mehr gilt das allerdings für die bekannten Sportstationen Saalbach und Hinterglemm.

Gebirge mit löchrigem Untergrund. Der alte salzburgische Markt *Saalfelden*, in einer freundlichen Talweitung etwas abseits der Saalach gelegen, ist Basisort für viele Wanderungen und Bergtouren, so ins schroffe Bergmassiv des Steinernen Meers und in die wilden, markant geschichteten Loferer und Leoganger Steinberge. Und sogar Abstecher ins Berginnere sind hier möglich: Unmittelbar an der Straße nach Lofer liegt der Eingang zur Lamprechtshöhle – auch Lamprechtsofenloch genannt – die in ihrem Mündungsbereich durch eine Steiganlage begehbar gemacht ist, und von Weißbach führt ein Weg in die malerische Seisenbergklamm. Die Prax-Eishöhle bei Lofer kann nur mit Führung besucht werden.

Bergsteigertraum: einmal auf Österreichs höchstem Gipfel, dem Großglockner, stehen!

Über alle Grenzen. *Lofer* liegt zwischen Kaisergebirge und Watzmann, zwischen Kitzbühel und Salzburg und bietet entsprechend vielfältige Ausflugsmöglichkeiten. Am nahen Steinpaß überquert man die Grenze zum Freistaat Bayern; in der Nähe liegt Berchtesgaden, einer der schönsten bayerischen Ferienorte, berühmt vor allem durch den Königssee und den Watzmann. Einen faszinierenden Blick auf den dreigipfligen Berg genießt man vom nahen Jenner mit seinen knapp 1900 Metern Höhe. Bevor es dann in's schöne Salzburg geht (siehe Seite 47 und 49), kommt man durch das am Fuß des Hochstaufen gelegene Bad Reichenhall, dessen Solequellen seit dem 18. Jahrhundert zu Heilzwecken genutzt werden.

Sommerfrische in Zell am See (oben) oder Stadtbummel in Salzburgs Getreidegasse (unten) – Österreich bietet Reiseziele für jeden Geschmack.

ROUTE 2

Planen und erleben...

Die Highlights

SILVRETTA-HOCHALPENSTRASSE

Die Route über die Bieler Höhe gehört zu den schönsten Alpenstraßen Österreichs. Angelegt wurde sie in den fünfziger Jahren im Zusammenhang mit den Kraftwerksanlagen im Quellgebiet der Ill, später dann modern ausgebaut. Rund 25 Kilometer lang, verbindet die Silvretta-Hochalpenstraße das Vorarlberger Tal Montafon mit dem Tiroler Paznauntal. Spektakulär der serpentinenreiche Anstieg von Partenen zum Vermunt-Stausee, und von der Scheitelhöhe bietet sich ein Prachtblick über den Silvretta-Stausee auf den berühmtesten Gipfel des Silvrettamassivs, den Piz Buin.

Vom Pfänder genießt man die Aussicht auf Lindau und den Bodensee.

SCHLOSS TRATZBERG

Wer im Inntal unterwegs ist, kann die Burg, die auf einer Anhöhe am Fuß des Stanser Jochs thront, kaum übersehen. Um 1500 wurde sie von den Brüdern Tänzl errichtet, später dann mehrfach erweitert und vor kurzem gründlich renoviert.

Musik gehört zum Faschingsumzug.

↓	ENTFERNUNGEN	↑
km	**Lindau**	651
	100 km	
100	**Bludenz**	551
	94 km	
194	**Landeck**	457
	86 km	
280	**Innsbruck**	371
	128 km	
408	**Mittersill**	243
	68 km	
476	**Lienz**	175
	92 km	
568	**Zell am See**	83
	83 km	
651	**Salzburg**	km

Der Lüner See im innersten Brandner Tal, nahe der Schweizer Grenze.

Felsen zu Tal, in den Gischtfahnen bricht sich das Sonnenlicht zu bunten Bogen, zwischendurch wuchert üppig das durchnäßte Grün. Ein grandioses Schauspiel, am eindrucksvollsten an frühsommerlichen Nachmittagen, wenn das Schmelzwasser von den Gletschern am Zillertaler Hauptkamm abfließt. Ein ausgeschilderter Weg führt von Krimml zu den Wasserfällen; er überwindet in zahlreichen Kehren die Steilstufe an der Mündung des Krimmler Achentals, führt mehrfach nahe an die Fälle heran.

GROSSGLOCKNER-HOCHALPENSTRASSE

Wer an einem sonnigen Sommertag zwischen Heiligenblut und Zell am See unterwegs ist,

Malerische Almhütten im Virgental.

INNSBRUCK

Das Besondere an der Stadt ist der Blick auf die sie umgebenden Berge, der sich zwischen Bauten im alttiroler Stil und üppigen Bürgerhäusern eröffnet. Sehenswert ist neben dem berühmten goldenen Dachl vor allem der barocke Dom mit seiner hohen Chorkuppel und den beeindruckenden Deckengemälden, außerdem die kaiserliche Hofburg am Burggraben und das Grabmal Maximilians I. in der Hofkirche. Einen herrlichen Blick hat man von der 1964 erbauten Olympia-Sprungschanze.

Im Habsburgersaal sind Porträts berühmter Mitglieder der Familie Kaiser Maximilians I. aufgehängt, die Tänzlzimmer weisen eine kostbare Holztäfelung auf, und in der Rüstkammer wird ein reiches Sortiment an historischen Waffen gezeigt.

KRIMMLER WASSERFÄLLE

Dieses Naturwunder, das im hintersten Pinzgau in drei Kaskaden 380 Meter weit herabstiebt, verschlägt einem buchstäblich die Sprache. Da donnern und tosen die Wassermassen zwischen mächtigen

Einfahrt zum über 5 Kilometer langen Felbertauerntunnel.

braucht gute Nerven. Daß unter der hier herrschenden Verkehrsflut das Naturerlebnis leidet, ist leider unvermeidlich. Denn die von 1930 bis 1935 als Touristenstraße nach Plänen des »Glockner-Hofrats« Fritz Wallack angelegte Alpenstraße verdient ihre Baedeker-Sternchen durchaus, vermittelt sie doch faszinierende Hochgebirgsbilder der Tauernregion. Von der Edelweißspitze aus bietet sich ein traumhaftes Panorama über 37 Dreitausender und 19 Gletscher hinweg! Und natürlich

DIE WICHTIGSTEN BERGE UND PÄSSE	
Pfänder	1063 m
Bieler Höhe (Paß)	2037 m
Venetberg	2512 m
Kühtaisattel (Paß)	2017 m
Gerlospaß	1507 m
Felber Tauern (Paß)	2481 m
Edelweißspitze	2577 m
Großglockner	3797 m
Großvenediger	3666 m
Wilder Kaiser	2344 m

Schönste Aussicht auf den Großglockner: Parkplatz der Franz-Josephs-Höhe.

Die »Schwarzen Mander« in der Innsbrucker Hofkirche.

der Kaiserblick von der Franz-Josephs-Höhe auf Pasterzenkees und Großglockner. Die Wasserscheide zwischen Salzach und Möll überquert man am Hochtor (2505 m) in einem 311 Meter langen Scheiteltunnel.

Tips für unterwegs

Auf dieser West-Ost-Reise durch dreieinhalb österreichische Bundesländer (Kärnten wird nur tangiert) sollte man sich genug Zeit für Abstecher lassen. Von besonderem Interesse sind die großen – in Nord-Süd-Richtung verlaufenden – Alpentäler, wie etwa in den Ötztaler Alpen das Kauner-, das Pitz- und das Ötztal, alle mit ausgeprägt hochalpinem, vergletschertem Abschluß, dann die Zillertaler Gründe und die Seitentäler des Pinzgaus sowie des Pongaus, die teilweise innerhalb des Nationalparks Hohe Tauern liegen. Nicht zu vergessen natürlich die Osttiroler Täler: wenig Verkehr, viel Natur, also gerade richtig für Leute, die das Auto auch gerne mal stehen lassen ...
Als landschaftlich sehr abwechslungsreiche Alternative zur Strecke über das Faschina-

joch bietet sich die Fahrt aus dem Bregenzer Wald über den Hochtannbergpaß (1679 m) ins oberste Lechtal und weiter via Lech und Zürs zum Flexenpaß (1774 m) an. Anschließend kann man einen kleinen Abstecher zum Arlbergpaß (1793 m) unternehmen, ehe die Talfahrt nach Bludenz fällig wird.
Vom Paß Thurn (1273 m) über

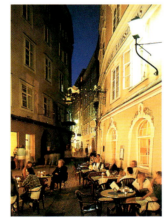

In der Salzburger Altstadt.

Kitzbühel nach Lofer, das ist eine an Kontrasten reiche Alternativstrecke! Während der Auffahrt zum Paß hat man Aussicht auf die Hohen Tauern und in den Pinzgau, anschließend geht es durch die aus weichen Schiefern aufgebauten Kitzbüheler Alpen hinab und hinaus zu dem Prominentenort Kitzbühel. Über St. Johann taucht dann die markante Felskulisse des Wilden Kaisers auf. Da versteht man nur zu gut, weshalb die Gipfel und Grate um seinen höchsten Gipfel, die dreizackige Ellmauer Halt (2344 m), ein Eldorado für Kletterer sind.

SOUVENIRS

In Salzburg herrscht kein Mangel an Souvenirläden. Ein besonders schönes Mitbringsel für Leckermäuler sind die berühmten Mozartkugeln – eine köstliche, typisch österreichische Spezialität.
Aus dem Steinobstreichtum des Landes wird auch eine Reihe von ausgezeichneten Schnäpsen und Likören hergestellt, etwa der Marillenlikör.

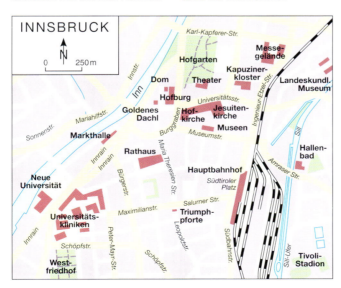

»Oldies« am Kitzbüheler Hahnenkamm.

ÖSTERREICHS HÖCHSTER GIPFEL

Seit der Abtrennung Südtirols ist der Fast-Viertausender Großglockner der höchste Berg Österreichs. Und möglicherweise der meistbestaunte. Das liegt an der »Gletscherstraße«, über die jedermann ganz ohne Anstrengung bis zum Aussichtspunkt Franz-Josephs-Höhe (2422 m) gelangt. Und da guckt man dann hinunter auf den großen Eisstrom der Pasterze und hinauf zu dem spitzen Felshorn des »höchsten Österreichers«. Die jäh aufschießenden Steilhänge mit ihrer zerfurchten Eisbedeckung lassen einem schon mal den Atem stocken.

Der Großglockner wurde am 28. Juli 1800 erstmals bestiegen; die vom Fürstbischof von Gurk initiierte Expedition umfaßte nicht weniger als 62 Personen! Um die Mitte des 19. Jahrhunderts wurden bereits über hundert Besteigungen jährlich gezählt. Relativ still ist der Großglockner heute an seiner Südseite; dagegen kommt es an sommerlichen Schönwettertagen am heiklen Übergang vom Klein- zum Großglockner schon mal zu Staus; da wird sogar der Platz rund um das Gipfelkreuz richtig knapp. Der Großglockner, ein Traumberg!?

Schroff und wuchtig stehen sie im Morgenlicht: die Drei Zinnen in den Sextener Dolomiten, das wohl berühmteste Felsprofil der Ostalpen.

Von Innsbruck über den Brenner in die Dolomiten

ROUTE 3

Über den schon in prähistorischer Zeit genutzten Brennerpaß geht es hinab ins sommerliche Südtirol und weiter in die Gipfelwelt der Dolomiten. Der Architekt Le Corbusier bezeichnete dieses Gebirge als schönstes Bauwerk der Alpen, und recht hat er: Sie ist schlicht unvergleichlich, diese phantastische Felsenlandschaft im Südosten der Alpen.

ROUTE 3

Ins »Reich der Bleichen Berge«

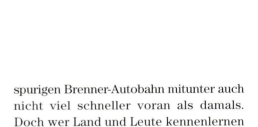

Die Fahrt über den Brenner nach Südtirol ist, obwohl reich an Eindrücken, bloß Auftakt zum furiosen Finale zwischen Langkofel und Pelmo, zwischen Drei Zinnen und Marmolada: eine Reise durch das Zauberreich der Dolomiten, das, auf dem Grund eines Meeres entstanden, bei der Alpenhebung ans Tageslicht kam und von Eis und Wasser in seine faszinierende Form gebracht wurde.

Eine der zahlreichen, beliebten Trachtenveranstaltungen Südtirols ist der Festumzug in Cortina d'Ampezzo.

Im weiten Tiroler Inntal liegt *Innsbruck*, im Süden überragt von der runden Kuppe des Patscherkofels. Über die Europabrücke zieht sich das breite Band der Autobahn durch das Wipptal bergan gegen den *Brennerpaß*. Sie umgeht die beiden schmucken Dörfer Matei und Steinach, einst wichtige Stationen am Weg nach Italien.

»Dieser Brennerpaß ist ein bis 1370 Meter hohes Hochtal, das schon als Römerstraße ein Hauptübergangspunkt von Deutschland nach Italien war. Sie ist die niedrigste aller großen Alpenstraßen und das ganze Jahr über für Autos passierbar und auch zu Fuß lohnend.« Letzteres darf heute wohl bezweifelt werden, doch im Jahr 1927, als »Meyers Reisebuch« erschien, war man in Steinach, Matrei und Navis im Nordtiroler Wipptal froh um jeden Touristen, da gab es natürlich noch keine Autobahn, auch keine Bürgerproteste gegen Abgase und Lärmbelästigung. Die meisten Reisenden benützten damals ohnehin die Brennerbahn, die von 1864 bis 1867 von der Österreichischen Südbahn-Gesellschaft erbaut worden war und – wie der Baedeker vermerkt – neben dreißig Tunnels nicht weniger als sechzig größere und dazu viele kleine Brücken aufweist. Jedoch kommt man heute auf der vierspurigen Brenner-Autobahn mitunter auch nicht viel schneller voran als damals. Doch wer Land und Leute kennenlernen will, hat es ohnehin nicht eilig und nimmt deshalb gleich die alte Brennerstraße.

Das Fuggerstädtchen. Die sogenannte Neustadt von *Sterzing*, keineswegs neu, sondern gut fünfhundert Jahre alt, ist eine Handelsstraße mit bunten Häusern und schmucken Erkern aus der Zeit der Spätgotik und der Renaissance. Optisch abgeschlossen wird sie durch den Treppengiebel des Zwölferturms; dahinter erstreckt sich die Altstadt, in der früher vor allem Handwerker lebten, darunter auch die »Bremser«, deren Aufgabe es war, schweren Wagen bei einem Halt in der Steigung Bremsklötze unterzuschieben.

Vom Brennerverkehr lebte Sterzing seit der Römerzeit ganz gut, richtig reich geworden ist das Städtchen allerdings erst durch den Bergbau am Schneeberg. Der erreichte im ausgehenden Mittelalter seinen Höhepunkt; zeitweise waren gegen tausend Knappen beschäftigt, die Blei und vor allem Silber aus dem Berg holten und über die sage und schreibe 2687 Meter hohe Schneebergscharte ins Ridnauntal beförderten. Die Augsburger Fugger investierten in das rentable Geschäft, auch der Bischof von Brixen. Die Knappen vom Schneeberg beteiligten sich maßgeblich am gotischen Neubau der Pfarrkirche. Ihr schönster Schmuck war bis 1753 ein Flügelaltar des schwäbischen Meisters Hans Multscher aus dem 15. Jahrhundert; Teile der hervorragenden Arbeit

Die Neustadt, schönste Gasse in Sterzing, präsentiert sich noch heute in ihrem spätgotischen Gewand – wie zu den Zeiten der Fugger.

Die Südtiroler Holzschnitzerei blickt auf eine jahrhundertelange Tradition zurück.

ROUTE 3

Die Europabrücke vor der Kulisse der Stubaier Alpen (oben). – Aus Anlaß der Heirat ihres Sohnes Leopold ließ Kaiserin Maria Theresia 1765 die Triumphpforte in Innsbruck errichten (unten).

»Dies ist der Sommerhimmel: In seinem Blau schwimmen weiße, flockige Wolken, die sich zwischen den alpinen Gipfeln zu barocken Formationen ballen. Die Luft riecht nach Sommer, schmeckt nach Sommer, klingt nach Sommer.«

Klaus Mann, Der Wendepunkt. Ein Lebensbericht, 1952

Blick von der Südrampe der Sellajochstraße ins Val Lasties – markant ragt der Torre di Siella auf.

Beeindruckend ist die Ostwand des Langkofels.

sind heute im Deutschordenshaus neben der Pfarrkirche ausgestellt, dazu historische Ansichten des Talkessels.

In die »gute alte Zeit« fühlt man sich auch zurückversetzt beim Anblick von Burg *Reifenstein*, die auf einem Felsriff draußen im Sterzinger Moos thront; die ältesten Teile dieser Bilderbuchburg mit gut erhaltener Ausstattung stammen aus dem Jahr 1470. Weit jünger ist dagegen jener mächtige Bau, der weiter eisackabwärts das Tal versperrt: die Franzensfeste, von 1833 bis 1838 von der k.u.k.-Monarchie zur Sicherung des Brennerpasses erbaut. Hinter dem düsteren Gemäuer öffnet sich der Brixner Talkessel, überragt vom abgerundeten Buckel der Plose.

Kurz vor Brixen liegt das *Kloster Neustift*, dessen barocke Basilika Deckengemälde von Matthias Günther schmücken.

Ein Hauch von Süden. *Brixen*, am Zusammenfluß von Rienz und Eisack gelegen, bietet zwar keinen Dolomitenblick, dafür aber markante »Zacken« im Stadtbild: die Türme des Doms und der Pfarrkirche. Gleich neben dem barocken Dom liegt der berühmte Kreuzgang, ein lebendiges Kompendium der Südtiroler Freskenmalerei. Der Dom Mariä Himmelfahrt, der 1785 seine klassizistische Vorhalle erhielt, beeindruckt vor allem durch seine Größe, auch die der Deckengemälde des Südtirolers Paul Troger: 250 Quadratmeter, über Kopf gemalt!

Brixen wurde Ende des 10. Jahrhunderts Bischofssitz, vorher saß der Bischof auf der Klosterburg Säben. Die ältesten Mauern des gelegentlich als »Akropolis Südtirols« bezeichneten Komplexes, der schon Dürer auf seiner Italienreise inspirierte, werden ins frühe 7. Jahrhundert datiert.

Durch das Pustertal. Nicht ganz so alt sind die dicken Mauern der mächtigen Festung, die auf der Fahrt ins Pustertal kurz ins Blickfeld kommt: *Burg Rodeneck*, auf einem markanten Felsvorsprung über der Rienz thronend, bewahrt einen gut

Matrei am Brenner hat eine hübsche Altstadt.

Brotzeit und Wein: wohl bekomm's!

Genußvolle Schußfahrt unter der Marmolada.

Südtirol, das Äpfelparadies (oben). – Cortina d'Ampezzo, 1956 Austragungsort der Olympischen Winterspiele, gilt als heimliche Hauptstadt der Dolomiten (unten).

erhaltenen romanischen Freskenzyklus der mittelalterlichen Iwein-Sage.

Der Hauptort des Pustertals ist *Bruneck* in hübscher Lage vor der Mündung des Tauferer Tals, mit historischem Ortskern. Hier lebte Michael Pacher (um 1435 bis 1498), der begnadete Maler und Holzschnitzer; ein vorzügliches Frühwerk des Künstlers, die »Traubenmadonna«, steht in der Pfarrkirche des Nachbarorts St. Lorenzen. Die Gegend war bereits vor Urzeiten besiedelt, wie Ausgrabungen am Sonnenburger Hügel bewiesen; am Fuß des Felsens legten die Römer schließlich das befestigte Lager Sebatum an, von dem noch die Fundamente erhalten sind.

Sextener Sonnenuhr. Bei *Toblach*, wo sich ein hübscher Blick auf ein paar Dolomitengipfel bietet, überquert man die flache Wasserscheide zwischen Rienz und Drau. Ein paar Kilometer weiter liegt *Innichen*, dessen Stiftskirche als bedeutendstes romanisches Bauwerk Südtirols gilt. In Sexten ist dann endgültig das erste Rendezvous mit den Dolomiten fällig. Gab's auf der Fahrt durch das Pustertal bloß gelegentliche Aus- und Durchblicke, so öffnet sich in *Sexten* die grandiose Felskulisse der Sextener Sonnenuhr. Im Halbrund umstehen sie das Fischleintal, der Neuner, die Rotwand (oder Zehner), Elferkofel, Zwölferkofel und Einser. Wer bei dem phantastischen Bild gleich süchtig wird, muß entweder die Bergschuhe auspacken oder wenigstens eine Fahrt mit der Helm-Seilbahn unternehmen. Von hoher Warte aus kann man bei schönem Wetter dann die Parade der gesamten Sextener Dolomiten abnehmen.

ROUTE 3

Die Südtiroler wissen Altes zu bewahren. Vor über 800 Jahren wurde Burg Rodeneck erbaut (oben). – Die Bauern stellen Speck immer noch her wie zu Urgroßvaters Zeiten, hier im Pustertal (Mitte). Tradition hat auch das Törggelen, bei dem der neue Wein verkostet wird (unten).

Unbekanntes Bergland. Doch in der Ferne entdeckt man noch mehr Berge, schroff-zerklüftete Grate, die über den *Kreuzbergpaß*, die Wasserscheide zum Piave, hereingucken: die *Karnischen Alpen*. Wie die Dolomiten aus Kalkgestein aufgebaut, zwar nicht so hoch, aber noch wilder, blieben sie weitgehend verschont von Straßen, Liften und Pisten und sind diesseits des Alpenhauptkamms so gut wie unbekannt – terra incognita.

Mit dem Kreuzbergpaß verläßt man die Region Trentino-Südtirol, um auf der steilen Straße über Candide und Sto. Stefano di Cadore ins Veneto hineinzufahren. Campolongo und Sappada sind weitere Stationen ostwärts auf der landschaftlich traumhaften Straße durch das Cadore, die auf und ab durch die Karnischen Alpen führt. Der Ferienort *Sappada* wurde vom Lesachtal aus begründet und hieß einst Bladen. Heute noch findet alljährlich eine Prozession nach Maria Luggau statt, und gelegentlich hört man im Dorf noch den alten deutschen Dialekt. Über die Wasserscheide von Cima Sappada fährt man durch den Canale di Gorto über Rigolato nach Comeglians, dann auf einer kurvenreichen Bergstrecke über Ravascletto und die knapp 1000 Meter hohe Sella Valcalda nach *Paluzza*, das südlich des Plöckenpasses im Tal des Blut liegt.

Alpine Exoten. In den Tälern der Karnischen Alpen hat sich – bedrängt vom Italienischen allerdings – die älteste Sprache der Alpen erhalten: das Rätoromanische,

das auch noch in den Dolomiten und in Graubünden gesprochen wird, hier in friaulischer Ausprägung. Namen wie Zouf Plan, Zoncolan, Zuc dal Bôr passen gut zum »exotischen« Charakter dieser Alpenregion, die dem Mittelmeer nahe ist, aber stets im Windschatten des Fortschritts blieb, zudem 1976 von dem Erdbeben, das in Friaul tausend Todesopfer forderte, schwer getroffen wurde.

Römerwege. Ein uralter Weg verläuft quer durch die Karnischen Alpen hinauf zum Plöckenpaß; daß bereits die Römer diese Route benützten, belegen bedeutende Ausgrabungen von Zuglio, dem Forum Julium Carnicum. Auch *Tolmezzo*, Hauptort der Region und gleich hinter Arta liegend, dürfte römische Wurzeln haben. Das Städtchen liegt am Tagliamento, dessen riesiges Geröllbett einem unmißverständlich klar macht, wie ungezähmt wild das Gebirge ist. Daß Berge »leben«, läßt sich auch am *Monte Amariana* ablesen; aus der Flanke der eleganten Felspyramide zieht eine mächtige Geröllreiße herun-

Glasklar und spiegelnd: der Pragser Wildsee (großes Bild). Der Teufelsfall tost bei Sappada herab (oben). – Blumenpracht im Rienz-Tal (links).

Über der Talweitung von Bruneck stehen die Randgipfel der Rieserfernergruppe.

ROUTE 3

ter bis fast vor die Tore des Städtchens. Talabwärts ist es nicht mehr allzu weit bis nach Udine. Nun folgt die Straße in westlicher Richtung dem Tagliamento flußaufwärts, vorbei an Ampezzo. Zu den einsamsten, abgelegensten Regionen der Karnischen Alpen gehört das Hochtal des Lumiei mit dem Stausee *Lago di Sauris*.

Das Höhlensteintal, ein klassisches »Dolomitentor«.

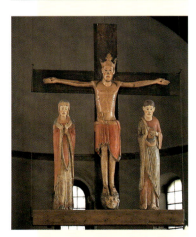

Rast am Wegesrand (oben). Spätromanik im Dom von Innichen: Die monumentale Kreuzigungsgruppe wurde vermutlich von einer einheimischen Schnitzerschule nach 1200 geschaffen (unten).

> **DÉODAT DE GRATET DE DOLOMIEU**
>
> In alten Landkarten, etwa aus der Zeit Maria Theresias, sucht man vergeblich nach einem Namen für das Gebirge zwischen Eisack und Piave, zwischen Pustertal und Belluno im Veneto: Es hatte damals noch keinen.
> Das sollte sich bald ändern. Im Jahr 1789 bereiste ein kleiner Adeliger aus Frankreich den Süden Tirols: Déodat de Gratet de Dolomieu, Mineraloge und Geologe, seines Zeichens Professor an der Universität zu Paris. Er hatte sich ganz dem Sammeln von Mineralien verschrieben; im Etschtal las er einen Stein auf, der seine Neugier weckte. Sein Genfer Freund, der Naturwissenschaftler Théodore de Saussure (ein Sohn des berühmten Montblanc-Pioniers), untersuchte das Exponat und stellte eine ungewöhnliche chemische Zusammensetzung fest, nämlich eine Mischung von Kalzium- und Magnesiumkarbonat. Er benannte das Gestein nach seinem Entdecker: Dolomit. So kam dieses Gebirge – ziemlich spät allerdings – zu seinem wohlklingenden, französischen Namen.

Oberhalb der Schlucht öffnet sich dann ein freundliches grünes Talbecken mit weit ausgedehnten Almen; in *Sauris* fühlt man sich unvermittelt in ein Tiroler Dorf versetzt. Zahre – so hieß der Flecken ursprünglich – wurde wie Bladen im ausgehenden Mittelalter durch Einwanderer aus dem Lesachtal gegründet.

In die Dolomiten. Die Siedler kamen von Norden; nach Westen führt heute ein asphaltiertes Kurvenband über zwei wenig ausgeprägte Wasserscheiden, die Sella di Razzo und die Sella Ciampigotto, ins Piavetal. Packende Ausblicke auf den mächtigen Felsdom des Antelao bieten sich während der Talfahrt: Dolomitenzauber. Der hält sich zunächst noch in Grenzen; erst hinter der Cima Gogna bei *Auronzo di Cadore*, im Ansieital, tauchen über den bewaldeten Hängen erneut bizarre Zacken auf: die Südflanke der Sextener Dolomiten mit ihrem berühmtesten Gipfeltrio, den *Drei Zinnen*. Oben am Misurinasee, der mit einem Blick auf die Nordfront des Sorapismassivs aufwartet,

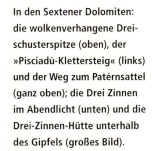

herrscht bei schönem Wetter ein ziemlicher Trubel, wie auch am Endpunkt der Drei-Zinnen-Straße. Gipfelprominenz zeigt sich dann auf der Fahrt über den 1805 Meter hohen Passo Tre Croci hinab in den weiten Talkessel von *Cortina d'Ampezzo*. In der alpinen Traumkulisse – der Conca d'Ampezzo – übertrumpfen sich die Dreitausender; durch ihre schiere Masse beeindrucken vor allem die drei Tofane, vergleichsweise filigran erscheinen daneben der Zackengrat der Croda da Lago und der Becco di Mezzodì, der Mittagszeiger des noblen Olympiaortes.

Bauklötze am Wegrand. Cortina ist östlicher Ausgangspunkt der *Großen Dolomitenstraße*, die über drei Pässe nach Bozen führt. Der erste Übergang ist der Passo di Falzárego; die Bergfahrt bietet stimmungsvolle Rückblicke auf den Cortineser Talkessel, ehe der monumentale Südabsturz der Tofana di Rozes alle Aufmerksamkeit auf sich zieht. Daneben wirken die bizarren Cinque Torri – immerhin 2366 Meter hoch – wie große Bauklötze.

Fortsetzung Seite 80

In den Sextener Dolomiten: die wolkenverhangene Dreischusterspitze (oben), der »Pisciadù-Klettersteig« (links) und der Weg zum Patérnsattel (ganz oben); die Drei Zinnen im Abendlicht (unten) und die Drei-Zinnen-Hütte unterhalb des Gipfels (großes Bild).

ROUTE 3 – *Die klassischen Pässe* –

Alpenüberquerungen

Nostalgisch oder modern? Auf der alten Gotthardstraße kann man im Sommer Paßfahrten wie zu Urgroßvaters Zeiten unternehmen (oben); für den schnelleren Verkehr wurde der Galternviadukt am Simplonpaß erbaut (unten).

Im Lauf der Geschichte entsprachen die Staatsgrenzen kaum einmal der morphologischen Grenze zwischen Nord und Süd, West und Ost, vielmehr existierten im Mittelalter und noch später gleich mehrere Paßstaaten, deren Territorien beiderseits des Alpenhauptkamms lagen.

Ein früheres Beispiel liefern die Römer, die natürlich ein vitales Interesse daran hatten, die eroberten Gebiete nördlich und westlich des Alpenhauptkamms an ihr Kernland, an Italien, zu binden. So bauten sie zahlreiche Paßrouten aus wie den Brenner, den Reschenpaß, den Septimer, den San Bernardino, den Großen und den Kleinen St. Bernhard oder den Mont Cenis. Erst im 12. Jahrhundert gewann dagegen der St.-Gotthard-Paß durch den Bau des »Stiebenden Steges« – an Eisenketten aufgehängten Bohlen – in der bis dato unpassierbaren Schöllenenschlucht seine Transitbedeutung. Die blieb weder den Eidgenossen noch den Mailänder Herzögen verborgen, und so entwickelte sich bald ein verbissenes Ringen um die Kontrolle des Übergangs.

Eine vergleichbare Entwicklung läßt sich in Tirol feststellen, und auch das Herzogtum Savoyen im Westen war ein klassischer Paßstaat. Weniger bekannt, jedoch

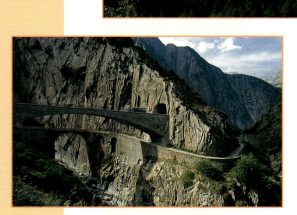

Die Schöllenenschlucht einst (großes Bild) und jetzt (oben). Seit 1882 fährt der »Göschenen-Express« durch den Gotthardtunnel (rundes Bild).

76

in das gleiche Schema passend, ist der »Grand Escarton«, ein politischer Zusammenschluß mehrerer Täler um den Col de Montgenèvre mit dem Hauptort Briançon, sowie die kleine Grafschaft Tende in den Alpes Maritimes. Erst in der Neuzeit sind diese Paßstaaten – mit Ausnahme der Schweiz – ganz in den großen Nationalstaaten Europas aufgegangen.

In dem Maß, wie die politische Bedeutung der klassischen Alpenpässe abnahm, wuchs ihre Bedeutung für den Tourismus. Wo einst Händler und Soldaten unterwegs gewesen waren, reiste im Adenauer-Deutschland Lieschen Müller, um Land und Leute kennenzulernen. Der Slogan vom »Autowandern« kam in jener Zeit auf, Staus gab's zunächst noch keine, und

Alte Benzinkutschen an Brenner- (oben) und Grimselstraße (unten). – An Erzherzog Maximilians Brennerüberquerung mit Elefant erinnert das Brixner Hotel »Elefant« (Mitte).

an die Folgen der zunehmenden Motorisierung dachte niemand. Und heute? Nach wie vor zählen Alpenfahrten zu den ganz großen landschaftlichen Ereignissen, denn dem Zauber der Hochalpenpässe und der sie umgebenden Bergkulissen wird sich wohl niemand entziehen können.

HOCH HINAUF: DIE HÖCHSTEN STRASSEN

Welche sind eigentlich die höchsten Straßenzüge in den Alpen? Wer auf das Stilfser Joch tippt, liegt falsch, und auch der Col de l'Iseran in den Grajischen Alpen, seit 1936 auf einer Straße überquerbar, ist nicht richtig. Ganz im Süden der Westalpen geht's noch etwas weiter hinauf, an der Bonette, bis auf 2802 Meter. Das ist ein Rekord, zumindest für

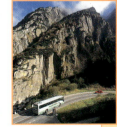

all jene, deren fahrbarer Untersatz vier Räder hat. Mit PS-starken Motorrädern schafft man die Strecke von Bardonecchia bis zum Colle Sommeiller, dessen Scheitelhöhe gerade die 3000er Marke rasiert. Und bis in die neunziger Jahre wurden Unerschrockene sogar auf dem festungsbewehrten Mont Chaberton gesichtet: über achtzig Serpentinen und viel Schotter. Doch ist die Trasse an mehreren Stellen abgerutscht, der Berg nun wieder ein (ruhiges) Wanderziel.

Einer riesigen Felsenburg gleich hockt das Sellamassiv über den vier ladinischen Dolomitentälern von Gröden, Abtei, Buchenstein und Fassa.

ROUTE 3

Das »Käuzchen«. Am Paß zeigt sich der mit 3343 Metern höchste Dolomitengipfel, die *Marmolada di Penia*, mit ihrer vergletscherten Nordflanke. Zwei weitere markante Silhouetten kommen auf der anschließenden Talfahrt ins Bild: der freistehende Felsklotz des Monte Pelmo und

der Monte Civetta, das »Käuzchen«. Letzteres machte 1925 Alpingeschichte; die Erstdurchsteigung seiner Nordwestwand durch Emil Solleder und Gustav Lettenbauer gilt als die Geburtsstunde des VI. Schwiergkeitsgrads im Felsklettern. In *Arabba*, wo die kurvige Strecke hinauf zum Pordoijoch beginnt, zweigt die Straße zum Campolongo-Paß ab; sie ist Teil der Vier-Pässe-Fahrt rund um den Sellastock, die man bei gutem Wetter keinesfalls ausfallen lassen sollte. Vom 2121 Meter hohen Grödner Joch hat man einen einzigartigen Blick auf Langkofel, Sellagruppe und Tschierspitzen.

Auf der hohen Warte. Ganz bequem, ohne Anstrengung kommt man mit der Pordoi-Seilbahn zum großen Panorama; gegenüber vom Sass Pordoi liegt im Westen das freistehende Dolomitriff des Langkofelmassivs. Auch der weitere Verlauf der Großen Dolomitenstraße läßt sich von der hohen Warte aus gut überblicken: Über viele Kehren geht's hinab hinab zum ladinischen Dolomitendorf *Canazei* in malerischer Umgebung, dann über Mazzin flach durch das Fassatal hinaus. Hinter Vigo di Fassa, ebenfalls ein beliebter Wintersportort, beginnt die Steigung zum *Karerpaß*. Knapp jenseits der Scheitelhöhe, die einen schönen Fernblick auf die im Süden gelegene Palagruppe bietet, zweigt rechts die Rosengarten-

Die »Schlemmermeile« Bozens führt vom Rathausplatz durch die Lauben (oben) zum Obstmarkt (Mitte). – Kostbares Winzergut: Trauben (unten). – Eng und düster ist es mancherorts in der Eggenschlucht (großes Bild).

straße ins Tierser Tal ab; ein paar Kilometer weiter talauswärts ist der nächste Zwischenhalt fällig: Denn links unterhalb der Straße liegt der idyllische, fast kreisrunde *Karersee*, mit dem abenteuerlich gezackten Profil des Latemar wohl eines der meistgeknipsten Fotomotive der Dolomiten. Nur leider verträgt sich der eher melancholische Zauber dieses stillen Bergsees nicht so recht mit dem Rummel hier, und das Duftgemisch von Autoabgasen und Frittenbuden steigert das Naturerlebnis auch nicht unbedingt.

Rotglühende Felsen. Nahe Welschnofen hat sich der Eggentaler Bach tief in die Bozner Quarzporphyrplatte eingegraben. Die *Eggenschlucht* »übertrifft an wilder Schönheit alles, was ich in dieser Hinsicht gesehen habe. Wenn dort am Abend die Sonne ihre letzten Strahlen auf das rotbraune Gestein wirft, glaubt man, die Felsen glühen wie flüssiges Eisen.« So schilderte der Schweizer Bergsteiger Theodor Borel 1892 seine Eindrücke. Über dem Ausgang der so gerühmten Klamm ragt dann – effektvoller Schlußpunkt der Paßfahrt – die wehrhafte Anlage der Burg Karneid in den Himmel, natürlich auf einem steilen Porphyrzahn. Dahinter kommt die Autobahn ins Blickfeld, man fährt hinein nach Bozen. Auer, Neumarkt und Salurn, das von der Ruine des ehemaligen Raubrittersitzes Haderburg überragt wird, sind noch Stationen auf dem Weg nach *Trient*, das mit seinem mittelalterlichen Dom, dem Palazzo Municipale und anderen Renaissance-Bauwerken zu einem Rundgang einlädt.

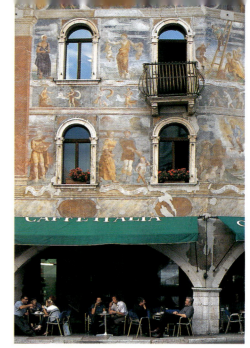

»Un caffè, per favore!«: Ausruhen am Domplatz von Trient.

Unterhalb von Bozen umsäumen die Etsch (oben) zahlreiche Obstplantagen und Apfelhaine (unten).

Planen und erleben...

Ganzjährig Ferienziel: Cortina d'Ampezzo.

Die Highlights

KLOSTER NEUSTIFT
Südtirols größte Klosteranlage, nördlich von Brixen am Eisack gelegen, ist Kunstfreunden und Weinbeißern gleichermaßen ein Begriff. Wer beim »Brückenwirt« den klostereigenen Wein probieren möchte, unternimmt den Ausflug besser gleich zu Fuß, knapp eine Stunde von Brixen. Neben der Klosterkirche, die als schönster Barockbau südlich des Brenners gilt, sollte man unbedingt auch die Bibliothek ansehen. Ihr Bestand hat zwar unter Plünderungen gelitten, nicht aber der Raum selbst, eine gelungene Rokokoschöpfung. Der Kreuzgang erhielt fast zeitgleich mit jenem in Brixen seine Kreuzrippengewölbe; beim Rundbau der Michaelskapelle handelt es sich um eine Minikopie der römischen Engelsburg.

BRIXNER DOMKREUZGANG
Hauptsehenswürdigkeit Brixens ist der um 1200 erbaute, später eingewölbte und vollständig ausgemalte Domkreuzgang. Er zeigt die Entwicklung der gotischen Freskomalerei vom Ende des 14. bis zum frühen 16. Jahrhundert. Einige wenige Darstellungen stammen noch aus der Zeit vor der Einwölbung und sind im frühgotischen Linearstil gehalten.

Im Winter ist Skilaufen Trumpf in den Dolomiten.

Skurriles Tierfresko im Domkreuzgang von Brixen (um 1470).

DREI ZINNEN
Natürlich will jeder es sehen, das monumentale Felsgebiß der Drei Zinnen, nach dem Matterhorn der vielleicht berühmteste Bergstock der Alpen, 1869 erstmals bestiegen. Später waren die senkrechten bis überhängenden Nordwände beliebtes Terrain der Spitzenkletterer. Diejenigen Reisenden, die nicht zu den waghalsigen und trainierten Kletterprofis gehören, begnügen sich damit, das felsige Dreigestirn aus sicherer Entfernung zu bestaunen: Vom Endpunkt der Drei-Zinnen-Straße führt ein breiter Weg hinüber und hinauf zum Patérnsattel, wo nach knapp einer Stunde die richtige Perspektive gewonnen ist: Was für ein Bild!

GROSSE DOLOMITENSTRASSE
Sie ist eine Straße der Superlative, bald ein Jahrhundert alt: die Große Dolomitenstraße zwischen Bozen und Cortina d'Ampezzo. Initiiert wurde ihr Bau vom Deutschen und Österreichischen Alpenverein, geplant war die Eröffnung zum fünfzigjährigen Regierungsjubiläum von Kaiser Franz Josef I. im Jahr 1898. Der gesamte, 109 Kilometer lange Straßenzug konnte jedoch erst ein Jahrzehnt später dem Verkehr übergeben werden. Dann rollten die ersten Benzinkutschen durch die vielen Kehren am Karerpaß (1745 m), am Pordoijoch und am Passo di Falzárego (2105 m). Staus gab es damals natürlich keine, und wenn der Motor zu überhitzen

Treffpunkt im Nobelort Cortina: das »Café Royal« am Corso Italia.

drohte, war eine Pause fällig; es wurde Wasser nachgefüllt, und man bestaunte die Kulisse der »Bleichen Berge«. Die ist heute noch unverändert schön, auch wenn der eine oder andere Berg

↓	ENTFERNUNGEN	↑
km	**Innsbruck**	537
	83 km	
83	**Brixen**	454
	66 km	
149	**Innichen**	388
	108 km	
257	**Tolmezzo**	280
	74 km	
331	**Auronzo**	206
	38 km	
369	**Cortina d'Ampezzo**	168
	110 km	
479	**Bozen**	58
	58 km	
537	**Trient**	km

82

seine Seilbahn bekommen hat, Pistenschneisen manche Flanke verunzieren. Nur mit der Beschaulichkeit ist es vorbei...

RUND UM DIE SELLA

Die »Sella Ronda« ist (fast) jedem Skifahrer ein Begriff: wedeln, abfahren ohne Ende im Skizirkus rund um die Sellagruppe. Die sommerliche Variante führt über die vier Pässe Campolongo, Grödner Joch (Passo Gardena), Sellajoch und Pordoijoch und ist auch bei Radlern sehr beliebt: 53 Kilometer, rund 100 Kehren und jede Menge packende Felsbilder. Einige der berühmtesten Gipfel säumen den Weg; grandios die Langkofelgruppe, einmalig der

DIE WICHTIGSTEN BERGE UND PÄSSE	
Zugspitze	2962 m
Brennerpaß	1370 m
Zwölferkofel	3094 m
Kreuzbergpaß	1636 m
Monte Amariana	1905 m
Antelao	3264 m
Drei Zinnen	2999 m
Passo di Falzárego (Paß)	2105 m
Monte Civetta	3220 m
Pordoijoch (Paß)	2239 m
Marmolada di Penía	3343 m
Langkofel	3179 m
Cimòn della Pala	3184 m
Karerpaß	1745 m

ausgestatteten Schaufenstern vorüber. Wer es lieber beschaulich möchte, besucht am Nachmittag das altehrwürdige Franziskanerkloster oder macht einen Rundgang durch den mit Fresken des 15. Jahrhunderts geschmückten Kreuzgang des Dominikanerklosters.

Tips für unterwegs

Richtig kennenlernen kann man die Dolomiten natürlich nicht auf einer einzigen Autofahrt, auch wenn sie noch so ausführlich ist. Doch das weckt Lust auf mehr, und die vielen Paßstraßen zwischen Eisack und Piave, die teilweise noch auf den Ersten Weltkrieg zurückgehen, ermöglichen besonders schöne Rundfahrten. Sehr zu empfehlen ist etwa die Tour rund um die Marmolada und die südlich anschließende Pala-Gruppe (Pale di San Martino), die sich leicht an die Große Dolomitenstraße anhängen läßt: von Canazei über Passo di Fedaia (2056 m), Alleghe, Agordo, Forcelle Aurine

Die sagenumwobene Rosengarten-Kette am Karerpaß.

Blick vom Sellajoch zur vergletscherten Marmolada, deren Name sich vom ladinischen Begriff für Marmor ableitet.

BOZEN

Zwischen Waltherplatz und Obstmarkt pulsiert das Leben dieser gemütlichen Stadt, und ein Einkaufsbummel unter den nahen Lauben führt an noblen, mit feiner italienischer Ware

Auf der Großen Dolomitenstraße: der Passo di Falzárego.

Blickfang am Grödner Joch ist der Langkofel mit seiner imposanten Ostwand.

(1297 m), Passo Cereda (1369 m), Fiera di Primiero, Passo di Rolle (1972 m), Passo di Valles (2031 m), Passo di San Pellegrino (1919 m) und Moéna bis nach Pozza di Fassa.

Die gut 150 Kilometer lange Strecke führt in den Süden der Dolomiten. Hier sind Autos mit einem »D« am Heck seltener, Seilbahnen und Skipisten auch. Doch das stört überhaupt nicht,

Südtiroler Kunsthandwerk, hier in Taufers.

Am Pragser Wildsee.

die Kulisse ist möglicherweise noch wilder als in den Südtiroler und Ampezzaner Dolomiten.

SOUVENIRS

Die Südtiroler Küche bietet eine Vielfalt an Spezialitäten. Zu empfehlen ist der echte Südtiroler Speck, luftgetrocknet über dem Rauchfang, oder auch Carpaccio aus Rindfleisch. Im Fassatal gibt es schöne Mineralien, die aus den Monzoni-Bergen stammen. Eine Delikatesse ist der würzige Graukäse aus dem Pustertal, der mit Zwiebeln und Schnittlauch oder mit Öl beträufelt gegessen wird.

DER KRIEG IN FELS UND EIS

Die Veteranen sind längst tot, die Geschichte ist geschrieben, doch wer heute in den Dolomiten unterwegs ist, stößt noch allenthalben auf die Spuren des Ersten Weltkriegs. So wurden viele der heutigen Klettersteige von Soldaten im Ersten Weltkrieg angelegt. Mitten im Hochgebirge standen sich damals Österreicher und Italiener gegenüber, drei Sommer und drei Winter (!) lang; die Frontlinie ging vom Ortler bis zum Oberlauf des Isonzo. Auch  in den Dolomiten wurde gekämpft, in den Sextenern ebenso wie an der Tofana di Rozes, am Padònkamm und an der Marmolada, wo k.u.k.-Soldaten unterirdische Kavernen ins Gletschereis gruben. Es war ein verbissener Kleinkrieg, ein Stellungskampf fast ohne Bewegung bis zum österreichischen Durchbruch im Osten, am Isonzo, und während der Wintermonate waren die Armeen buchstäblich »eingefroren«. Da ging dann auch noch der »weiße Tod« um: viel Schnee und Eis, stockender Nachschub und die arktische Kälte machten den miserabel ausgerüsteten Frontsoldaten das Leben zur Hölle.

Mittelpunkt von Trient ist die Piazza Duomo mit dem romanischen Dom und dem Neptunbrunnen aus weißem Marmor.

Vom Inntal zum Gardasee

Eine Reise der Kontraste: Was am unwirtlich-windigen Reschenpaß beginnt, ums Stilfser Joch und in der Adamello-Brenta-Region ausgesprochen hochalpine Eindrücke vermittelt, endet in der bukolisch-heiteren Landschaft des Gardasees.

ROUTE 4

Vom Gletschereis zu den Weinbergen

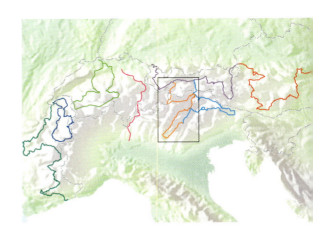

Wer noch nicht weiß, was die Nordländer seit Generationen in den Süden zieht – auf dieser Fahrt wird er es erleben. Größere Gegensätze kann man sich kaum vorstellen: hier die eisgepanzerten Berggipfel, hohe, unwirtliche Pässe, dort eine verschwenderische, mediterran geprägte Vegetation und – vor allem – der Gardasee, fast ein Meer schon, aus den Bergen weit in die Ebene hinausgreifend.

Nach dem Brenner ist der *Reschenpaß* mit seinen rund 1500 Metern die tiefste Schneise im Alpenhauptkamm, sieht man von den östlichen Randgebieten einmal ab. Daher legten bereits die Römer hier eine Straße an, die »Via Claudia Augusta« als Verbindung zwischen Inn- und Etschtal. Aus dem Schatten der Brennerroute kam sie allerdings nie heraus; Pläne für eine moderne Trasse zwischen dem süddeutschen Raum und der Lombardei ruhen zur Zeit in den Schubladen der zuständigen Brüsseler Behörde.
An der Umfahrung von *Landeck* wird gearbeitet, und die Straße innaufwärts ist schon bestens ausgebaut. Mittlerweile hat man auch die lawinengefährdete Hangstrecke von Hochfinstermünz bei Nauders saniert. Nauders selbst, nicht weit vom Dreiländereck Schweiz-Italien-Österreich gelegen, gilt als schneesicherer Ferienort.
Zugefroren ist im Winter regelmäßig der 7 Kilometer lange *Reschensee* südlich der Wasserscheide. In den Fluten der aufgestauten Etsch versank das alte Dörfchen Graun an der Mündung des Langtauferer Tals; bloß der spitze Kirchturm aus dem 13. Jahrhundert ragt noch aus dem Wasser – ein beliebtes Fotomotiv, aber auch ein Symbol für den Preis des (sogenannten) Fortschritts.

Steinernes Symbol der Macht: der säulentragende, monumentale Löwe am Eingang zum Dom von Trient.

Wandern an Waalen. Oben am Reschenpaß entspringt die Etsch, der zweitlängste Fluß Italiens. Sie durchläuft zunächst den *Vinschgau*, das größte und tiefste Tal Südtirols, eingebettet zwischen den Ötztaler Alpen und dem Ortlermassiv. Die hohen Berge bilden einen Schutz gegen Niederschläge, deshalb ist das Klima sonnig und trocken. Das brachte die Bauern schon früh dazu, das kostbare Naß über künstliche Wasserläufe auf ihre Felder zu leiten. Manche dieser Waale sind noch in Betrieb, auch in der Meraner Gegend, und die Waalwege sind bei Wanderern außerordentlich beliebt.
Jede Fahrt durch den Vinschgau ist auch eine Kulturreise. Eine eindrucksvolle Ouvertüre bildet das *Kloster Marienberg* über Burgeis; hinter seinen dicken Mauern bewahrt es kostbare, sehr gut erhaltene Wandmalereien aus romanischer Zeit. Noch wesentlich älter sind die Fresken von St. Benedikt in Mals; sie werden in die Zeit der Karolinger datiert.
Vom Hauptort des Obervinschgaus ist es nur ein Katzensprung nach *Schluderns*, das überragt wird von der Churburg, dem schönsten Schloß des Tals mit einem sehr stimmungsvollen Arkadenhof. Mitten im weiten Talboden liegt westlich von Mals das kleinste Städtchen südlich der Alpen: *Glurns* mit vollständig erhaltener Befestigungsmauer. Vor 500 Jahren nützten die Festungsmauern nichts mehr; nach der Schlacht an der Calven (1499) im Schweizer Krieg plünderten die Engadiner auch Glurns, bevor sie brandschatzend durch den Vinschgau bis nach Meran zogen.

Der kleine Ort Limone schmiegt sich dicht an das felsig-steile Westufer des Gardasees.

Knackig-frisch und verlockend: der Südtiroler Alpenapfel.

ROUTE 4

Alpenübergang mit Panorama: Vom Jaufenpaß aus genießt man eine herrlich freie Sicht auf die Ötztaler und die Stubaier Alpen.

Am Stilfser Joch: Ortlerblick (oben). – Hier fällt die Entscheidung schwer: Wo ist es wohl am schönsten (unten)?

»Als sie in das Gebirgstal hineinritten und um sechs Uhr Sankt Orsola passierten, schlugen bei einer kleinen, eine buschige Bergrinne überquerenden Steinbrücke wenn nicht hundert, so doch sicher zwei Dutzend Nachtigallen. Es war heller Tag.«

Robert Musil, Drei Frauen, 1924

Die Königin der Alpenstraßen. Über *Taufers*, bekannt wegen seiner romanischen Kapelle, gelangt man jenseits der Grenze, bereits auf Graubündner Boden, zum Benediktinerinnenkloster von *Müstair*, einem bedeutenden mittelalterlichen Ensemble. Hinter Santa Maria beginnt dann die Fahrt über das Stilfser

KALTERER, TRAMINER & CO.

»Oft nach Tramin steht mein Gedank!« dichtete der heimwehkranke Minnesänger Oswald von Wolkenstein vor einem halben Jahrtausend, und angeblich sollen bereits die Römer den weißen Gewürztraminer bei festlichen Gelegenheiten aufgetischt haben. Südtirol ist ein Weinland, auch heute noch, doch wer jetzt an verschnittenen Kalterer oder einen Allerwelts-St.-Magdalener denkt, liegt falsch. Massenprodukte sind out, Auszeichnungen an internationalen Weinmessen dagegen fast schon normal; viele Winzer setzen ganz auf Qualität – mit Erfolg. So produziert etwa die Schloßkellerei Schwanburg in Nals hervorragende Weißweine; die Klosterkellerei Gries-Muri ist bekannt für ihren süffig-fruchtigen Lagreinkretzer.
In Südtirol wird vor allem Rotwein gekeltert, Grau- oder Edelvernatsch (Kalterer See), Blauburgunder (St. Magdalener), aber auch Merlot. Das Etikett D.O.C. garantiert seine Herkunft. Eine umfassende Schau aller Südtiroler Gewächse bietet jedes Jahr im Frühling die »Bozner Weinkost«.

Joch. Exakt 88mal geht es von links nach rechts auf der Berg- und Talfahrt zum *Umbrailpaß* und vom Joch hinab nach Trafoi. Am Fuß des Ortlers liegt Sulden, von dem es einst hieß, daß hier die »Bauern mit den Bären essen und die Kinder auf den Wölfen daherreiten«.

Schneeweißer Marmor. Über das ruhig gelegene Gomagoi inmitten eines Bergwandergebiets gelangt man nach Prad; hier endet die Paßstrecke. Laas, talabwärts an der Etsch gelegen, ist berühmt für den weißen Marmor, der hier seit Römerzeiten gebrochen wird.
Die berühmte Kurstadt *Meran* am Zusammenfluß von Passer und Etsch ist längst über ihre historischen Mauern hinausgewachsen; an ihre Zeit als Tiroler Landes-

Im unteren Vinschgau werden vor allem Äpfel und Marillen, also Aprikosen, angebaut.

hauptstadt erinnert vor allem das Schloß Tirol. Die Kurpromenaden an der Passer und das im Jugendstil gehaltene Kurhaus laden zum Flanieren ein.
Viel zu sehen gibt es auch auf der Fahrt durch das *Passeiertal*, aus den Meraner Weinbergen zu den Schneebergen. Jenseits der Passer liegt Schenna mit seinem Schloß, hinter St. Martin steht das Geburtshaus des Tiroler Volkshelden Andreas Hofer (1767–1810). In St. Leonhard zweigt links die Straße hinauf zum 80 Kilometer entfernten *Timmelsjoch* ab, eine hochalpine Strecke und der Übergang ins Nordtiroler Ötztal. Geradeaus fährt man in weiten Schleifen durch das Waltental hinauf zum Jaufenpaß; bei der Talfahrt kommt das alte Fuggerstädtchen Sterzing im Wipptal ins Blickfeld.

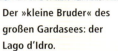

Der »kleine Bruder« des großen Gardasees: der Lago d'Idro.

In die Pedale treten kann man auch auf dem Wasser: hier in Riva del Garda.

Die alte Heimat. Am südlichen Ortsrand weisen Schilder zum *Penser Joch*. Die landschaftlich schöne Strecke führt ins Sarntal, das heimliche »Herz« Südtirols. Hier ist die sogenannte alte Heimat, wie sie Luis Trenker noch erlebte, näher als anderswo, hier entdeckt man weit weniger Bausünden, dafür noch viele Bauernhöfe, denen man ansieht, daß sie schon ein paar Jahrhunderte auf dem Buckel haben. Und so manches Gasthaus stand hier schon längst, bevor die ersten Touristen ins Tal kamen. Das war früher gar nicht so einfach – riegelt doch eine gewaltige, über 10 Kilometer lange Porphyrklamm den natürlichen Zugang ab.

Die moderne Straße verschwindet ein paarmal im Berg und tritt dann, die felsige Enge zurücklassend, bei Burg Runkelstein hinaus ins Flache. »*Bozen-Bolzano*« verkündet das Ortsschild und nennt damit die Landeshauptstadt, das wirtschaftliche Zentrum des Landes. Mehr als ein Fünftel der Südtiroler Bevölkerung wohnt hier, und man hört »Ciao!« fast öfter als »Servus!«: Italianità und Tiroler Bodenständigkeit nebeneinander und miteinander. Unter den Lauben der Altstadt dominieren deutsche Idiome, in den Geschäftsauslagen dagegen entdeckt man viel italienische Eleganz. Ganz in der Nähe kann schließlich der älteste »Tiroler« besichtigt werden, im eigens für »Ötzi« geschaffenen Archäologiemuseum.

89

ROUTE 4

Die Reschenstraße führt aus dem Inntal (rechts) hinauf zu der weiten Paßhöhe (unten).

Auf der Fahrt vom Reschenpaß herab nach Meran kommen viele alte Kirchen und Schlösser in den Blick. Der Ort Graun ist in den Fluten des Reschenstausees versunken – nur die Kirchturmspitze ist noch zu sehen (oben), Schloß Kastelbell geht im Kern auf das 13. Jahrhundert zurück (rechts).

Unter dem Mendelkamm. Wegweiser für die Weiterfahrt ist die markante Silhouette der Burgruine Sigmundskron, auf einem Porphyrfelsen im Westen der Landeshauptstadt thronend. An ihrem Fuß beginnt die *Südtiroler Weinstraße*, die durch das Überetsch ins Unterland führt, einen geradezu märchenhaften Landstrich: stattliche Dörfer, von bäuerlichem Wohlstand geprägt, Schlösser und Ansitze und über allen Hügeln üppige Weingärten. Einen markanten Akzent ins malerische Bild setzt der Kirchturm vom Eppaner Ortsteil St. Pauls mit seiner Zwiebelhaube. Die Großgemeinde *Eppan* ist mit mehr als hundert Burgen, Schlössern und Adelssitzen im übrigen die burgenreichste Gegend Südtirols. Nicht zu übersehen auch die mächtige Burgruine von Hocheppan, um nochmals gut 1000 Meter überragt von der Felsmauer des Gantkofels. Er ist der markanteste, aber nicht der höchste Gipfel des Mendelkamms. Hinter dessen Bergkette liegt die »Apfelkiste des Trentino«, das Nonstal, eine von

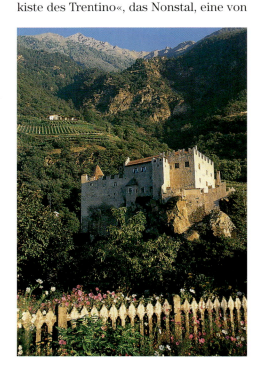

Die berühmtesten Serpentinen der Alpen am Stilfser Joch (großes Bild) sind auch für Motorradfahrer eine Herausforderung (unten). – Das alte Paßdorf Nauders (links).

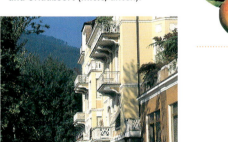

Im Mittelalter war Meran die Hauptstadt von Tirol, heute ist es dank seines milden Klimas ein vielbesuchter Kur- und Urlaubsort (Mitte, unten).

tiefen Gräben durchzogene Talmulde mit einem Stausee. Den schönsten Blick auf diesen Landstrich bietet der Penegal mit einem Aussichtsturm, zu dem vom Mendelpaß eine steile Straße hinaufzieht.
Im Sommer werden die Obstkulturen eifrig bewässert, und wie im benachbarten Vinschgau bauten die Bauern auch hier einst künstliche Wasserwege. Die meisten sind längst außer Betrieb und verfallen allmählich; eine Ausnahme macht nur der Tuenno-Waal im untersten Toveltal.

Seit Urzeiten bewohnt. Über Fondo gelangt man nach *Cles*, dem Hauptort des Nonstals. Der stattliche Flecken mit seinem mächtigen Schloß hat eine lange Geschichte: Nachweislich siedelten hier bereits in der Jungsteinzeit Menschen; im Jahr 46 n.Chr. verlieh dann Kaiser Tiberius Claudius den Nonstalern das römische

Fortsetzung Seite 96

Am Rand des ewigen Eises: auf dem Ebenferner oberhalb des Stilfser Jochs.

ROUTE 4
– Der Gardasee, ein »südländisches Meer« –

Sommerlicher Treffpunkt seit der Antike

Wer kennt sie nicht, die Kalenderbilder des Gardasees: tiefblaues Wasser, das vom Wind gekräuselt wird, felsige Ufer, Agaven, Zypressen, verschneite Berge im Hintergrund, die unverwechselbare Silhouette der Scaligerburg von Malcesine, Sirmione mit den »Grotten des Catull« und der Hafen von Riva. Bilder, die süchtig machen – Träume von Generationen. Die Maße des Sees, den die Römer Lacus Benacus nannten: 370 Quadratkilometer weit, also größter See am Alpensüdrand, und bis zu 346 Meter tief. Damit liegt der tiefste Punkt des Gewässers 280 Meter unter dem Meeresspiegel; der Monte Baldo dagegen überragt seine Ufer um 2150 Meter! Beeindruckende Zahlen, doch sie verraten nichts über das Einzigartige des Gardasees und seiner Landschaft: über das Zusammentreffen zweier Welten, nördlich-alpin die eine, südlich-mediterran die andere. Was bei Riva noch felsumstellte Enge ist, zerfließt hinter dem Kap San Vigilio zu uferloser Weite. Und während der Nordwind das Wasser vor Torbole heftig aufwühlt, liegt der See in der Bucht von Desenzano so ruhig da wie ein leuchtender Spiegel im Mittagslicht. Natürlich hat der Lago di Garda auch eine Vergangenheit. Doch Geschichte und Geschichten geraten hier leicht durcheinander; vielleicht auch deshalb, weil romantisch-verklärter Überschwang und nüchterne Fakten sich mitunter schlecht vertragen.

Die Erdgeschichte bemißt sich in Jahrmillionen: Ihrem Ablauf kann man an den Bergflanken rund um den See, auf den Gipfeln und in den Rebhügeln des südlichen Vorgeländes nachspüren. Da liegen die Sedimente wie Tortenschichten übereinander, und im Winter fehlt nicht einmal das Sahnehäubchen, der Schnee. Eis hat den See ausgehobelt, seine Flanken

Schon Goethe (rundes Bild) war vom Benacus und seinen Städtchen fasziniert: Sirmione (oben), Malcesine (Mitte) und das Kap San Vigilio (unten).

glattgeschmirgelt, Endmoränen draußen in der Poebene zurückgelassen – vor einigen Jahrzehntausenden erst. Fast vergessen sind dagegen die frühesten künstlerischen Zeugnisse am See, geheimnisvolle Zeichen, von Jägern in die glattgeschliffenen Sockelfelsen des Monte Baldo geritzt. Die ältesten dieser Darstellungen dürften vor etwa 3500 Jahren entstanden sein, also aus der Bronzezeit stammen.

In pathetischen Versen besang Catull schließlich vor etwa 2000 Jahren Sirmione, das »Kleinod unter den Inseln, gebettet durch Neptun in die klaren Wasser«. Er fand zahlreiche Nachahmer, alle waren sie hingerissen vom Zauber des »südländischen Meers«, auch jener Geheimrat aus Weimar, der in Malcesine beinahe als Spion verhaftet worden wäre. Goethes »Italienische Reise« gehört längst zur deutschen Standardliteratur, und den hübschen Flecken am Ostufer des Gardasees kennt heute wohl jeder Italienliebhaber.

Die zauberhafte Landschaft bei Tremosine (großes Bild) und Campione (oben) verführt gleichermaßen zum Wandern und Sonnenbaden (bei Torbole; unten).

DER ULTIMATIVE KICK – SPORT AM SEE

Der Benacus hat seit Catulls Zeiten zahllose Besucher gesehen, doch so bunt (und so jung) wie heute waren sie noch nie. Früher hielten sich die Gäste vornehmlich an den Ufern des Sees auf; man promenierte am Lungolago, traf sich beim Kaffee zu gepflegtem Klatsch und dinierte vornehm im Licht der untergehenden Sonne. Heute ist Action angesagt: Übers Wasser flitzen die farbigen Haiflossensegel der Surfer, vom Monte Baldo herab schweben die Ikarusse der Neuzeit, am Tremalzo strampeln Mountainbiker über die staubig-schotterige Piste zur Scheitelhöhe hinauf, und an den »Sonnenfelsen« bei Arco wird um jeden Meter gekämpft – in der Vertikale. Sport und Fun dominieren die Szene rund um den See; man trifft sich in Insiderkneipen und schläft bescheiden auf dem Campingplatz.

ROUTE 4

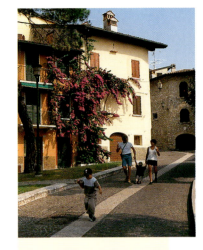

Italiens Vielfalt genießen: in Gardone (oben), am idyllischen Lago d'Idro (Mitte) und bei einem guten Essen in Salò (unten).

Bürgerrecht, wie eine bei Ausgrabungen entdeckte Bronzetafel belegt. Der Wallfahrtsort *San Romedio* östlich von Cles ist wegen der ungewöhnlichen Architektur seiner Kirche einen Abstecher wert.

Cles hat Bahnverbindung mit Trient; das Bähnchen, von den Einheimischen »Nonstaler Kuh« genannt, fährt weiter ins Val di Sole. Das gute Wetter und die hohen Gipfel der Gegend ziehen im Sommer viele Wanderer und Bergsteiger an: Ortler, Presanella und Brenta locken. Von Cles geht es über Malè und Dimaro nach *Madonna di Campiglio*. Die Dolomitenzinnen haben den Ort berühmt gemacht, der Campanile Basso ist einer der unglaublichsten Felszacken der Alpen, und über die Via delle Bocchette sind schon Generationen von Bergwanderern gepilgert.

Im Reich des Brentabären. Die Berge rund um Madonna di Campiglio stehen als Parco Naturale Adamello-Brenta unter Naturschutz; den braucht vor allem der in den Wäldern des Val di Génova noch heimische Braunbär. Sein Bestand ist auf wenige Exemplare gesunken, weshalb jüngst in Slowenien eingefangene Tiere hier ausgesetzt wurden.

Zu Gesicht bekommt man die scheuen Tiere natürlich nicht; dafür bietet sich bei *Pinzolo* am Eingang ins Val di Genova ein beeindruckendes Schauspiel: der über eine 120 Meter hohe Felsstufe herabstiebende Nardis-Wasserfall.

Die Weiterfahrt folgt einer erdgeschichtlich bedeutenden Bruchstelle, der sogenannten Judikarien-Linie, die Granit- (Adamello) und Kalkmassive (Brenta, Gardaseeberge) trennt. Benannt ist sie nach den Valli Giudicarie, die sich südwestlich über eine Wasserscheide bei Pradibondo bis zum Lago d'Idro hinziehen. Von Idro führt die Straße ostwärts über Vobarno nach Salò am Ufer des *Gardasees*. Das berühmte Gewässer empfängt den Reisenden mit südländischer Gran-

Schöne Reiseziele in Oberitalien: der Lago di Toblino mit seiner Inselburg (großes Bild), Limone, beliebter Ferienort am Gardasee (oben), und der Dom von Trient (unten links).

dezza; die Alpen sind hier nur noch Kulisse, manchmal, wenn Dunst von der Poebene hereindrückt, nicht einmal mehr das. In Salò beginnt die Anfang der dreißiger Jahre fertiggestellte *Gardesana occidentale*, die traumhafte Westuferstraße mit ihren siebzig Tunnels zwischen Gardone Riviera, Limone und Riva.

Ein See in Türkis. Hauptzufluß des Gardasees ist die Sarca, die ihre Quellbäche im Adamello und in der Brenta hat; sie durchläuft vor Sarche eine wilde Klamm. Einen malerischen Akzent setzt hier der türkisfarbene Lago di Toblino mit seinem Schloß auf einer Halbinsel.

Für die Weiterfahrt nach Trient bieten sich zwei Möglichkeiten: um oder über den *Monte Bondone.* Wer gerne Kurven fährt, wird bei schönem Wetter natürlich die Bergstrecke nehmen, die in langgezogenen Schleifen von Lasino bis zu dem kleinen, zwischen Palone und den Tre Cime di Bondone eingelagerten Plateau ansteigt und dann von der Skistation Vason über 48 Kehren hinabführt zur Provinzhauptstadt im Etschtal.

Der Mendelpaß (oben) verbindet Bozen mit Cles. – Ein herrschaftlicher Adelssitz in Eppan im Überetsch (unten).

ROUTE 4

Planen und erleben...

Die Highlights

KLOSTER IN MÜSTAIR

Eines der bedeutendsten Kunstdenkmäler der Schweiz versteckt sich »hinter den sieben Bergen« im Val Müstair: das Benediktinerinnenkloster St. Johannes Baptist, wohl von Karl dem Großen gegründet. Aus jener frühmittelalterlichen Epoche stammen der Grundbestand der Klosterkirche sowie die vor einem halben Jahrhundert unter einer dicken Tünche entdeckte und freigelegte Ausmalung. Es handelt sich um den umfangreichsten erhaltenen Bilder-

Enzian oder Marillen? Auf jeden Fall ist Hochprozentiges in dem Fäßchen.

Das alte Tiroler Dorf Prutz liegt an der Mündung des Kaunertals.

Baden am bunten Kiesstrand: in Limone am Gardasee.

zyklus aus der Zeit um 800 – ein Kulturgut von Weltgeltung, wie auch die UNESCO befand.

↓	ENTFERNUNGEN	↑
km	**Landeck**	523
	117 km	
117	**Meran**	406
	60 km	
177	**Sterzing**	346
	67 km	
244	**Bozen**	279
	90 km	
334	**Madonna di Campiglio**	189
	101 km	
435	**Salò**	88
	47 km	
482	**Riva del Garda**	41
	41 km	
523	**Trient**	km

DAS STILFSER JOCH

Die Südtiroler Paßrampe mit ihren 48 Serpentinen an der Ost- und 34 Kehren an der Westseite sucht im ganzen Alpenraum ihresgleichen. Erbaut wurde sie in nur fünf Jahren, von 1820 bis 1825, als direkte Verbindung mit der Lombardei, die damals noch zur k.u.k.-Monarchie gehörte, und wurde auch im Winter offengehalten, was die Errichtung zahlreicher hölzerner Lawinenschutzbauten notwendig machte. Heute gleicht die Scheitelhöhe im Sommer einem Rummelplatz, und auf dem schrumpfenden Eis des Edenferners tummeln sich Snowboarder und Skihäschen.

BURG HOCHEPPAN

Die markante Silhouette signalisiert noch heute Wehrhaftigkeit, und die Eppaner, die hier ihren Stammsitz hatten, waren wohl recht streitsüchtige und machthungrige Gesellen. Trotzdem unterlagen sie den Grafen von Tirol im Kampf um die Macht im Land; ihr Geschlecht erlosch mit Egno, der Bischof von Trient war, schon um das Jahr 1273. Geblieben ist Hocheppan, Ruine zwar, aber immer noch beeindruckendes Beispiel einer mittelalterlichen Ritterburg. Von kunsthistorischer Bedeutung

Ein Ferienort mit Tradition: Arco, überragt von seinem Burgfelsen.

sind die gut erhaltenen, spätromanischen Fresken in der 1131 geweihten Kapelle, die deutlich byzantinischen Einfluß aufweisen; der Zyklus schildert die Passion Christi, zeigt aber auch volkstümliche Details, darunter die berühmte Magd beim Knödelessen – die älteste Darstellung der Tiroler Nationalspeise.

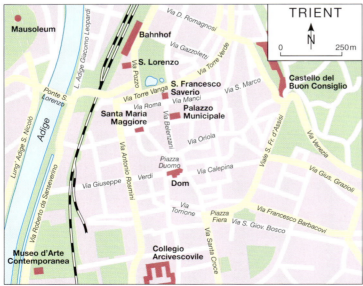

98

SAN ROMEDIO

Ganz leicht findet man ihn nicht, den Wallfahrtsort San Romedio; er versteckt sich in einer der zahlreichen Schluchten des Nonstals. Um so größer ist die Überraschung, wenn der Baukomplex ins Blickfeld kommt: an einen Felsturm mitten in der Klamm gebaut, Kapellen und Wirtschaftsgebäude übereinander gestellt, alles eng verschachtelt. Ein schönes Renaissance-Portal gewährt den Zugang; über eine lange Treppe steigt man hinauf zur Kirche des heiligen Romedius. Er soll auf einem Bären nach Trient zu seinem Bischof geritten sein, weshalb man hier in einem schönen Gehege drei der pelzigen Gesellen hält. Ein Ausflug, an dem garantiert auch Kinder ihre Freude haben (Zufahrt 6 km von Sanzeno).

Die wichtigsten Berge und Pässe	
Reschenpaß	1507 m
Stilfser Joch (Paß)	2757 m
Ortler	3905 m
Jaufenpaß	2099 m
Mendelkamm	2116 m
Mendelpaß	1363 m
Campanile Basso	2877 m
Monte Baldo	2218 m
Bondone (Cornetto)	2136 m

In weiten Schleifen führt die Straße hinauf zum Penser Joch.

In Santa Maria beginnt die Steigung zum Umbrailpaß.

VITTORIALE DEGLI ITALIANI

Gardone Riviera hat eine Sehenswürdigkeit der besonderen Art: die geschmacklos-pompöse Kriegsschau des Gabriele d'Annunzio (1863–1938), die gleichzeitig sein Vermächtnis und sein Mausoleum ist. D'Annunzio war ein glühender Patriot, manche halten ihn für den »Erfinder« des Faschismus, andere für den bedeutendsten Dichter National-Italiens; Hermann Hesse nannte ihn einen »kriegerisch geschminkten Casanova«. Die Duse verhalf mit ihrer grandiosen Darstellungskunst seinen schwülstig-mittelmäßigen Theaterstücken zum Erfolg. Erfolge feierte er auch im Krieg – er verehrte die Gewalt. So ist sein »Vittoriale« das perfekte Denkmal dieses »kleinen, schwachen Mannes« – so schrieb Franz Kafka –, der sich und der Welt beweisen wollte, was für ein Kerl er war. Man steht staunend vor dem Vorderteil eines Kriegsschiffs, das aus dem Berghang ragt, verrenkt sich den Hals nach dem Doppeldecker, aus dem d'Annunzio Propagandamaterial über Wien abwarf, und ist überwältigt von der Sammelwut, die einem in seiner Villa entgegenschlägt.

TRIENT

So italienisch man sich hier auch gibt – die Stadt gehört erst seit 1919 zu Italien. Daß Trient davor zur habsburgischen Doppelmonarchie gehörte, läßt sich noch gut am Straßenbild erkennen. Der Weg vom romanischen Dom durch die prachtvolle Via Belenzani führt an stattlichen, bemalten Palästen vorbei; gleich um die Ecke verläuft Trients belebte und beliebte Hauptstraße, die Via Manci.

Tips für unterwegs

URLAUB NACH SCHLOSSHERRENART

Wer möchte nicht einmal in einem richtigen Schloß übernachten, hinter jahrhundertealten Mauern sein Haupt zur Ruhe betten, nachdem man im Festsaal stilgerecht getafelt hat? In Südtirol ist das möglich. Manche der über 350 Burgen werden museal genutzt, andere wiederum sind zu modernen Herbergen umgestaltet worden. Urlaub dieser besonderen Art ist unter anderem in Schloß Korb, auf der Fragsburg, in Schloß Rundegg und in Schloß Englar möglich.

SOUVENIRS

Halten Sie am Gardasee Ausschau nach Terrakottatöpfen

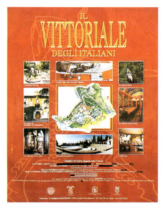

Monument des Größenwahns.

und bemalter Keramik, die wesentlich günstiger sein kann als bei uns. Ein nettes Mitbringsel sind auch mit Spinat oder schwarzer Sepia gefärbte Nudeln in Form von Öhrchen (Orecchiette), Schmetterlingen (Farfalle) oder kleinen Wagenrädern (Ruote).

Im Südtiroler Sarntal wird in einigen Werkstätten heute noch die Kunst der Federkielstickerei betrieben – die prächtigen Ledergürtel und Hosenträger sind allerdings nicht ganz billig, denn die Handarbeit an so einem Stück dauert oft mehrere Wochen.

Malerischer Winkel im Grenzort Nauders.

ZWISCHEN HIMMEL UND ERDE

In den Brenta-Dolomiten gibt es eine »Straße«, die keine ist, auf der man auch garantiert keinem Auto begegnen wird. Auch keiner »bicicletta«, obwohl die »Via delle Bocchette« von den Extremeren der Bergsteigerzunft gerne als »oberer Radlweg« apostrophiert wird. Der hat's aber durchaus in sich, läuft er doch über schmale Felsbänder – gähnende Tiefe auf der einen, himmelwärts ragender Fels auf der

anderen Seite. Nichts also für »Flachlandtiroler« oder gar nicht Schwindelfreie, diese von Scharte zu Scharte (= bocchetta) führende (Hochgebirgs-)»Straße«, aber mit Sicherheit einer der schönsten gesicherten Höhenwege in den gesamten Alpen, zwei bis drei Tagesetappen und hundert Highlights. Gestartet wird normalerweise am Passo del Grostè (2446 m), am Rifugio XII Apostoli (2489 m) endet der faszinierende Gang »zwischen Himmel und Erde«.

Ganz abgeschieden liegt der Weiler St. Martin im Calfeisental.

Von Zürich in die Lombardei

ROUTE 5

Seen und wilde Schluchten prägen die Reise über den Alpenhauptkamm, die vom Zürichsee über Chur, die älteste Stadt der Schweiz, und den Splügenpaß zum heiteren Comer See führt.

Route 5

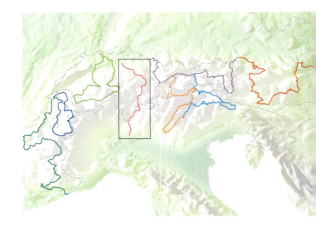

Rauhe Berge und sonnige Seen

Wege über die Alpen gibt es viele, einige führen gleich durch den Berg, wie etwa am St. Gotthard. Der Splügen hingegen ist ein richtig »altmodischer« Paß – Kurven über Kurven, auf der Nordseite finstere Schluchten, und so manchen Hügel krönt eine Burg. In Chiavenna ist man dann nicht nur unten, sondern auch im Süden angekommen, in der alpin-mediterranen Welt des Comer Sees.

Für die Diskretion seiner Banken ist *Zürich*, die »kleinste Großstadt der Welt«, mindestens so berühmt wie für seine guten Einkaufsmöglichkeiten. An der Bahnhofstraße, die »Fröschegrabe« hieß, als Zürich noch mauerumgürtet war, finden sich so ziemlich alle bekannten Adressen für Luxuriöses und Geldgeschäfte. In der sauber herausgeputzten Altstadt entdeckt man etliche Galerien und Trödelläden, aber noch mehr »Beizen« (Restaurants) jeder Kategorie. Kein Zufall, munkelt man doch, die liebste Freizeitbeschäftigung der Zürcher wäre Essen gehen… Wahrzeichen der Stadt an der Limmat sind die Türme des romanischen Großmünsters mit ihren unverwechselbaren Abschlüssen aus kupferüberzogenem Holz. Draußen auf den Seepromenaden gibt's zwar keine himmelwärts strebenden Türme, dafür am Horizont ein ansehnliches Alpenpanorama. Über Küsnacht geht's am Nordostufer weiter nach Erlenbach mit schönen Weinbergen und nach Meilen, wo der Schriftsteller Conrad F. Meyer im 19. Jahrhundert den »Jürg Jenatsch« schrieb. Und wenn der Föhn von den Firngipfeln herabbläst, könnte man meinen, der Tödi stünde gleich hinter *Rapperswil*. Das schmucke Städtchen bewacht mit seiner Burg den Seedamm, der die beiden Ufer verbindet und den Zürichsee vom Obersee trennt. Rudolf IV. von Habsburg ließ bereits 1358 einen hölzernen Steg über die See-Enge bauen, vor allem als Übergang zum 934 gegründeten, stark frequentierten Wallfahrtsort *Einsiedeln*. Das Dorf, nur ein paar Kilometer weiter südlich in einer lieblichen Voralpenlandschaft gelegen, lebt auch heute noch ganz gut von den Pilgern und anderen Besuchern. Immerhin zählt *Einsiedeln* nicht weniger als fünfzig Wirtschaften, nebst all den Devotionalienläden. Die zweitürmige Klosterkirche, zu Beginn des 18. Jahrhunderts nach Plänen des Vorarlbergers Kaspar Moosbrugger neu errichtet, gilt als bedeutendster Barockbau der Schweiz und ist üppig ausgestattet; die großartigen Deckenfresken stammen von den niederbayrischen Brüdern Asam.

Ins Glarner Land. Auf der Weiterfahrt kommen die Berge allmählich näher, und hinter Kaltbrunn öffnet sich das mächtige, durch den eiszeitlichen Linthgletscher ausgehobelte Tal des *Glarner Landes*, überragt vom 2914 Meter hohen Felsgrat des Glärnisch. Da denkt man natürlich gleich an Wandertage und Gipfelziele, nicht unbedingt an Fabriken, Maschinen und Akkordarbeiter. Dabei war der Kanton einst ein industrielles Zentrum der Schweiz: Billige Arbeitskräfte und Energie in Form von Wasserkraft bildeten auch damals entscheidende Standortvorteile; im Jahr 1868 zählte man hier 22 Spinnereien, in denen mehr als eine Viertelmillion Spindeln surrten. Ein imposan-

Seit dem Mittelalter fast unverändert ist die Dorfanlage des kleinen Ortes Soglio im Bergell – und so fühlt man sich gerade bei den prächtigen Umzügen zum Nationalfeiertag in vergangene Zeiten zurückversetzt.

Sie hat Reisende zu allen Zeiten fasziniert und Künstler inspiriert: die Via Mala, wilde Klamm des Hinterrheins zwischen Zillis und Thusis.

Der Steinbock ist das Wappentier Graubündens.

ROUTE 5

Vor der Kulisse des knapp 2000 Meter hohen Speers liegt das Städtchen Rapperswil am oberen Zürichsee.

Die kürzeste Bahn Zürichs führt von der Limmat hinauf zur Universität.

»In Thusis wird uns geholfen. Mit munter zirpenden Scheibenwischern (...) fahren wir hinein in die Via Mala und hinauf in die Straße zum San Bernardino. Wir singen nicht. Aber es hört auf zu regnen.«

Martin Walser, Der Sturz, 1973

tes Zeugnis der Glarner Industriegeschichte ist der Trockenturm in Ennenda, der – sein Name verrät es – dem Trocknen der Stoffbahnen diente.

Ein rechtes Nadelöhr im schweizerischen Verkehrsnetz war früher die Strecke am Südufer des *Walensees*, was dem – völlig unschuldigen – Gewässer den Spitznamen »Qualensee« einbrachte. Inzwischen ist die Autobahn durchgehend ausgebaut und der Verkehr ins Berginnere verbannt. Mehr Aussicht auf das rund 15 Kilometer lange Gewässer und den Zackengrat der Churfirsten bietet deshalb die Kantonsstraße entlang des Kerenzerbergs. Bei Sargans, das von einem alten Schloß überragt wird, treffen die Nord- und Westzufahrt nach Graubünden, dem »Land der 150 Täler«, zusammen.

Die »Bündner Herrschaft«. Nur wenige Kilometer rheinabwärts liegt rechts des Flusses das *Fürstentum Liechtenstein*, bei Briefmarkensammlern und Steuersparern gleichermaßen beliebt. Rheinaufwärts übernimmt ein blondes Mädchen mit Zöpfen das Zepter: Im modernen Werbeslang heißt das »Heidiland«, und gemeint ist die Gegend rund um Maienfeld, die auch bekannt ist für ihre feinen Weine, »Bündner Herrschaft« genannt. Johanna Spyri, die Verfasserin des berühmten Jugendbuchs, würde sich bestimmt über die Langlebigkeit ihrer Heidi wundern. Oberhalb von Maienfeld gibt's ein Heidimuseum, einen Heidibrunnen, »Heidiwege«, und der Geißenpeter ist bestimmt auch nicht weit...

Bad Ragaz ist ein Thermalbad mit Tradition und modernsten Einrichtungen. Früher allerdings war das Baden hier ziemlich umständlich: Die Kurgäste wurden im Nachbarort Bad Pfäfers in einem Korb in die düstere Taminaschlucht hinabgelassen, wo das heilende Wasser sprudelte; nach der Kur verließen sie das feuchte Loch, das auch im Sommer kein einziger Sonnenstrahl aufhellt, in gleicher Weise. Seit 1804 wird das heiße Wasser nach Ragaz geleitet; die Klamm mit dem alten Bad Pfäfers und einem Museum ist heute ein beliebtes Ausflugsziel.

Viele Wege führen nach Rom, und fast alle Wege in die »Ferienecke der Schweiz« gehen über *Chur*, das schon um 3000 v.Chr. gegründet wurde. Die Kantonshauptstadt ist das klassische Tor zur Graubündner Bergwelt; hier laufen Paßstraßen ins Engadin, ins Tessin, nach Italien und in die Zentralschweiz zusammen. Wen wundert es da, daß die Geschichte Churs, dessen Name möglicherweise auf keltische Siedler zurückgeht – kora bedeutet Stamm –, von jeher die Geschichte seiner Pässe war? Gegen Ende des 4. Jahrhunderts war Chur bereits Bischofssitz, und noch heute beherrscht der »Hof« mit dem Bischöflichen Schloß und der Kathedrale, zumindest optisch, die kleine Altstadt. Die Lage Churs an den Transitwegen über die Alpen spiegelt sich besonders schön in der Kathedrale wider. Das Bauwerk, im wesentlichen aus der Romanik und Gotik stammend, zeigt lombardische und burgundische Einflüsse; eine der beiden Krypten hat ihr Vorbild im provenzalischen St-Gilles-du-Gard, und wer sich genau umschaut, kann sogar maurische Bögen entdecken.

Bedeutendster profaner Renaissancebau Mailands ist das 1450 erbaute Castello Sforzesco.

Eine Idylle in den Alpen: Das Ostschweizer Calfeisental.

Ein aufregendes Erlebnis ist die Wanderung durch die Roflaschlucht bei Andeer am Hinterrhein.

Traditionsreicher Schweizer Kurort: Bad Ragaz.

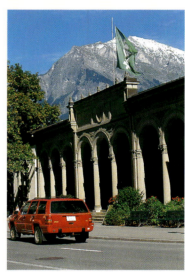

Sein mildes Klima und die üppige Vegetation machen den Comer See zu einem Traumziel für viele Reisende.

Burgen und Schlösser. Bei Reichenau, westlich von Chur gelegen, kommen die Wasser des Vorderrheins und des wildflutenden Hinterrheins zusammen. Wer nicht aufpaßt, fährt hier an einem der großen Naturwunder Bündens vorbei: der Ruinaulta. Von Süden öffnet sich das *Domleschg*, mit Schlössern und Ansitzen fast so gespickt wie das Südtiroler Überetsch. Manche der alten Mauern liegen längst in Ruinen, andere sind noch bewohnt, wie das aus dem 12. Jahrhundert stammende Schloß Rietberg oder Schloß Ortenstein, das wehrhaft auf einer Felskuppe thront. Das *Schloß Rhäzüns*, sechshundert Jahre später erbaut, bewachte den Eingang zum Domleschg, der Talsohle zwischen Heinzenberg, Stätzerhorn und Piz Scalottas. Bei Thusis, wo die Straße nach Tiefencastel und zum Julierpaß abzweigt, verengt sich das Domleschg unvermittelt zu einer wilden Klamm, die früher als »schlechter Weg« gefürchtet war: die berühmte *Via Mala*. Über 500 Meter ragen die Felsen rechts und links empor; erst der Bau einer Straße im frühen 19. Jahrhundert

105

ROUTE 5

Zürich ist nicht nur Bankenplatz, sondern auch Kulturstadt: Marc Chagalls Fenster im Fraumünster (oben). Sportangebote für jeden Geschmack: Canyoning in der Via Mala (Mitte) oder Golfen in Bad Ragaz (unten).

DER SCHWEIZERISCHE NATIONALPARK

Zu Beginn des 20. Jahrhunderts gegründet, ist er der älteste Nationalpark im Alpenraum. Heute umfaßt er ein 170 Quadratkilometer großes, hochalpines Areal zwischen dem Oberengadiner Val Trupchun und dem Val S-charl im unteren Engadin. Innerhalb des Parkareals bleibt die Natur völlig sich selbst überlassen; ein Zugang ist nur auf wenigen markierten Wegen gestattet. Riesige Wälder, über denen die Gipfelzacken der Unterengadiner Dolomiten aufragen, prägen das Landschaftsbild. Das Klima ist – bedingt durch die inneralpine Lage – sehr trocken, was bei dem kalkhaltigen Untergrund eine unverwechselbare, aber überraschend artenreiche Pflanzendecke ergibt. Nachgewiesen sind im Nationalpark 640 verschiedene Gewächse, mehr als 100 Vogelarten, darunter der Steinadler, sowie 30 Säugetierarten. Eine interessante Sammlung zu Geologie, Flora und Fauna zeigt das Nationalpark-Museum in Zernez.

machte es möglich, den wildesten Teil der Schlucht zu durchqueren. Über der Mündung der Klamm thront die mittelalterliche, längst verfallene Burg Hohenrätien auf einem schroffen Felsen, während der Transitverkehr durch den Berg rauscht und die grandiose Schlucht sozusagen »links liegen läßt«. Die freundlich-sonnige Talweitung des Schons erreicht man gleich hinter der Via Mala. Sie liegt zwischen zwei Schluchten, denn rheinaufwärts folgt gleich der nächste, genauso düstere Engpaß, die *Roflaschlucht*. Kunstkenner steuern allerdings erst einmal die Kirche von *Zillis* an, birgt sie doch einen ganz besonders kostbaren Schatz: eine mit 153 Bildern vollständig bemalte Holzdecke aus dem 12. Jahrhundert.

Paßgeschichten. Beim Sufner Stausee, der mit dem rund 8 Kilometer langen Speicher in der italienischen Valle di Lei das Bärenburg-Kraftwerk im Schons speist, ist der Rheinwald erreicht. Das leicht ansteigende Hochtal erstreckt sich bis zum Fuß des Adulamassivs; seine Besiedlung geht auf die Walserzüge des 13. Jahrhunderts zurück. Bereits viel früher wurden die Pässe begangen. In der römischen Straßenkarte »Tabula Peutingeriana« sind sowohl der San Bernardino als auch der Splügen verzeichnet; 395 und 401 zog der römische Feldherr Stilicho mit seinem Heer über den *Splügenpaß*, 966 tat es ihm der Sachsenkaiser Otto I. gleich. Im 19. Jahrhundert kamen dann

die ersten Touristen, zumeist erlauchte Herrschaften, die sich so etwas leisten konnten, wie Königin Victoria, Graf Alexej Tolstoj und Prinz Louis Napoleon.

Hinab in den Süden. Längst schon hat die *San-Bernardino-Straße* mit ihrem 6,6 Kilometer langen Scheiteltunnel als wintersichere innerschweizerische Verbindung vom Bodensee ins Tessin dem 2113 Meter hoch gelegenen Splügenpaß den Rang abgelaufen. Diese 1822 eröffnete, kurvenreiche Paßstraße überquert den Alpenhauptkamm – und die Grenze zu Italien – zwischen dem Surettahorn und der Pyramide des mächtigen Pizzo Tambo; von der Scheitelhöhe bietet sich

Die Stadt Chur (großes Bild) ist das klassische Tor zu den Graubündner Pässen, auch zum Splügen (oben und links).

ROUTE 5

Im Unterengadin: Fontana wird überragt von Schloß Tarasp (oben); im Straßendorf Guarda tragen viele Häuser prächtigen Fassadenschmuck (Mitte); in Zuoz wird der Chalandamarz traditionell mit großen Glocken gefeiert (rechts unten). – Der Spinnwebenhauswurz, eines der zahlreichen Alpengewächse, bildet dicke Polster (unten).

ein schöner Rückblick auf die Kalkgipfel über dem Dorf Splügen. Die weitere Talfahrt kommt dann einem allmählichen Eintauchen in den mediterran geprägten Süden gleich. Unterhalb von Campodolcino tauchen die ersten Kastanienbäume auf, und *Chiavenna* ist, obwohl noch von hohen Bergen umstellt, schon ein typisch italienisches Städtchen. Fast dreihundert Jahre stand es unter der Hoheit Graubündens, kam 1815 zu Österreich und erst 1859 zu Italien. Südwärts geht es nun durch den Piano di Chiavenna – das hübsche Dorf Gordona an der Mera lohnt einen Abstecher – vorbei am Lago di Mezzola zum nahen Comer See.

Der Lario. Er ist nicht der größte, aber der tiefste der oberitalienischen Seen: Bis zu 200 Meter unter den Meeresspiegel reicht das Becken des *Comer Sees*, den die Römer Lacus Larius nannten. Das sagt

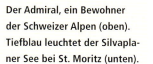

Ein einmaliges Kunstwerk der Romanik: die bemalte Holzdecke der Kirche von Zillis am Hinterrhein (oben). – Der Splügensee liegt inmitten von Dreitausendern auf italienischem Boden (großes Bild).

Der Admiral, ein Bewohner der Schweizer Alpen (oben). Tiefblau leuchtet der Silvaplaner See bei St. Moritz (unten).

schon einiges aus über dieses Gewässer, das einem auf den Kopf gestellten Ypsilon gleicht. Es ist ein richtiger Alpenfjord mit insgesamt mehr als 180 Kilometern steilen, vielfach felsigen Ufern, was ihm einen alpineren Charakter verleiht als etwa dem Lago Maggiore. Und wenn am höchsten Gipfel des Lario, dem Monte Legnone, noch Schnee liegt und ein eiskalter Nordföhn vom Splügen herabpfeift, blühen an der *Riviera della Tremezzina*, in der wärmsten Mittellage des Sees, bereits Azaleen und Rhododendren.

Stadt der Seide. Die westliche Uferstraße führt von Dorf zu Dorf; sie bietet immer wieder neue Aussichten übers Wasser auf die Berge. Im Villenort *Cadenabbia* mit seiner zauberhaften Seepromenade machte schon Konrad Adenauer bevorzugt Urlaub; bei Menaggio, einem der beliebtesten Orte am See, kommt die

Fortsetzung Seite 114

ROUTE 5
– Das Engadin –

Bilderbuchlandschaft im Sonnenglanz

Wenn man der Statistik glaubt, dann scheint im Engadin die Sonne öfter als anderswo in den Alpen. Grund dafür ist die inneralpine Lage; die hohen Berge rundum halten Wolken, Wind und Regen ab. Besucher glücklicherweise nicht, und so wurde aus dem Oberengadin schon früh eines der klassischen Reiseziele der Alpen. Als »Dach Europas« hat man das Hochtal bezeichnet, was zwar eine Übertreibung ist, aber das Einzigartige dieser alpinen

Ein beliebtes Ziel in den Schweizer Bergen: das Oberengadin. Berühmtester Ferienort ist St. Moritz (unten), und wer nicht kälteempfindlich ist, kann im Hochsommer ein Bad im waldumsäumten Stazer See nehmen (oben). Ein freundlicher Alphirt aus dem Fextal (rundes Bild).

Bilderbuchlandschaft treffend umschrieben: mitten im Hochgebirge gelegen, nicht weit die Baumwuchsgrenze, und trotzdem herrscht keine bedrückende Enge, sondern ein weiter Horizont öffnet sich – Kulissenberge rundum, aber in respektvollem Abstand.
Und dann sind da die Seen, vom Stazer Wald bis zum Malojapaß aufgereiht wie glänzende Perlen an einer Schnur; sie waren einst Toteismulden des Inngletschers. Zusammen mit den lichten Lärchenwäldern, die sich im Spätherbst so fotogen verfärben, und den firnüberzuckerten Gipfeln ergibt sich jenes Alpenbild, das bereits zu Zeiten, als man noch mit der Postkutsche reiste, Besucher aus aller Welt anzog.

An diese gute alte Zeit erinnern die Hotelpaläste des Oberengadin. In St. Moritz etwa dominieren sie das Ortsbild noch heute. Immerhin, in Badrutts »Kulm-Hotel« gingen bereits 1879 die (elektrischen) Lichter an – damals eine schweizerische Premiere! Hohe Pässe verbinden das Oberengadin mit seinen Nachbartälern; die wichtigste Zufahrt von Norden geht über den Julierpaß, bei den Rätoromanen Pass dal Güglia, parallel dazu verläuft weiter östlich die Albulastrecke. Tiefencastel, das man von Thusis aus durch die romantische Schinschlucht erreicht, ist Ausgangspunkt für beide Paßstraßen. Beherrscht wird das Dörfchen von seiner stattlichen Barockkirche; kulturhistorisch ungleich bedeuten- *Lai da Palpuogna – hinauf zu der von riesigen Schuttströmen geprägten Scheitelhöhe des Albula.*

»An der Schwelle des Paradieses« wähnte sich Giovanni Segantini in Soglio (mit der Scioragruppe, links). – Im Juni verzaubert die Alpenrosenblüte das Rosegtal (oben).

CAPUNS UND PIZZOCCHERI

Die Küche Bündens war, bedingt durch dessen Paßlage, von jeher recht »international«. Ein Beispiel dafür ist die Polenta, ein Maisbrei, der von Italien nach Graubünden kam, Bestandteil etwa der Engadiner Spezialität Plain in Pigna. Beliebt an Rhein und Inn sind die Maluns, ein Kartoffelgericht, und Capuns, eine Art Knödel, in Mangold gewickelt und vielfältig variierbar. Aus dem Puschlav stammen die Pizzoccheri, den Spätzle verwandt und ähnlich sättigend. Die regionale Spezialität schlechthin ist das luftgetrocknete Bündner Fleisch, das man hauchdünn geschnitten ißt; nicht zu verachten sind auch die Würste wie Salsiz und die Churer Beinwurst.

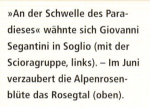

der ist allerdings das kleine, karolingische Gotteshaus St. Peter, das ein Stück weiter talabwärts in Mistail auf einer Anhöhe über dem Eingang zur Schinschlucht steht. Viel bekannter als die Albulastraße ist die Bahnlinie, die mit ihren Viadukten und Spiraltunnels jeden Eisenbahnliebhaber in Verzückung versetzt. Zwischen Bergün, dessen Ortsbild bereits stark vom nahen Engadin geprägt ist, und Preda gibt es einen 8 Kilometer langen Bahnhistorischen Lehrpfad, und im Ortsmuseum steht ein Modell der Bahnlinie. Die verschwindet hinter der Häusergruppe Preda im Berg; die Paßstraße zieht – vorbei am idyllischen

Oben am Malojapaß bricht die Oberengadiner Seenplatte ab, steht man am Rand eines engen, tiefen Grabens, über dem links zerklüftete Granitzacken in den Himmel ragen: das Bergell. Hier sprechen die Einheimischen italienisch, sucht man vergebens nach Hotelpalästen. Dafür gibt's jede Menge Natur und oben am Berg die doppelte Wasserscheide des Pass dal Lunghin. Rhein, Inn oder Po? So heißt die Frage für das vom Himmel fallende Wasser: Östlich fließt es zum Inn und in die Donau, nördlich ins Oberhalbstein und weiter zum Rhein, südlich ins Bergell und zum Po – ein Paß, drei Meere.

Chiavenna liegt am Südfuß der Paßrouten Splügen, Septimer und Maloja.

ROUTE 5

Berg- und Seenlandschaft mit südlichem Flair: die Comer-See-Region (oben und unten). Über dem Ostufer ragen die Dolomitenzinnen der Grigne in den Himmel (großes Bild).

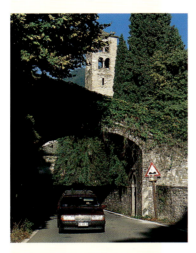

Flanieren mit Seeblick kann man auf Comos langer, baumbestandener Promenade.

traumhaft schöne Halbinsel von Bellagio ins Blickfeld. Auf der Weiterfahrt entlang der Tremezzina verschwinden die Dolomitenspitzen der Grigne hinter dem breiten Rücken des Monte San Primo, der mit seinen 1685 Metern den höchsten Punkt eines Dreiecks markiert: Bellagio, Lecco, die alte Eisenstadt am Seeabfluß, und Como bilden die Ecken des »Triangolo« zwischen den südlichen Armen des Lario. Die Provinzhauptstadt *Como* wendet ihr nobles Gesicht dem See zu: der von großzügigen Uferanlagen umrahmte Hafen, dahinter das römische Geviert der mauerumgürteten Altstadt, überragt von der barocken Kuppel des Doms. Er bildet zusammen mit dem Broletto und der Torre Comunale ein beeindruckendes Ensemble aus sechs Jahrhunderten. In den Schaufenstern entdeckt man Leckereien und Mode; Seidenes auch, schließlich ist Como seit fast einem halben Jahrtausend als »Città della seta« bekannt. Heute wird am Comer See etwa ein Viertel der Weltproduktion an Seide verarbeitet.

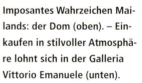

Imposantes Wahrzeichen Mailands: der Dom (oben). – Einkaufen in stilvoller Atmosphäre lohnt sich in der Galleria Vittorio Emanuele (unten).

Südlich von Como erstreckt sich die Hügellandschaft der *Brianza*, einst bevorzugte Sommerfrische der Mailänder, aber längst verbaut und zersiedelt – ihrer Schönheit weitgehend beraubt. Wen wundert's da, daß es die »Milanesi« an den Wochenenden in die nahen Berge zieht, zu den großen Seen? Zum Abschluß der Route sei ein Aufenthalt in *Mailand*, der Hauptstadt der Lombardei, empfohlen, wo nicht nur die Altstadt mit dem Dom und engen Gäßchen lockt, sondern auch etliche Kunstmuseen ihre Schätze bereithalten. Sehenswert ist ebenso die berühmte Galleria Vittorio Emanuele, eine überdachte Einkaufspassage, die die Einheimischen als ihren Salon bezeichnen. Bei ihrer Fertigstellung 1877 galt die knapp 200 Meter lange Galleria als großartigste Ladenpassage Europas – sie ist heute noch Mailands Schmuckstück.

An den Ufern des Comer Sees stehen prachtvolle Villen wie die Villa Carlotta mit ihrem eleganten Garten (links). – Mailand ist Italiens Mode-Metropole (unten).

Planen und erleben...

ROUTE 5

Auf dem Zürcher Handwerkermarkt.

Die Highlights

ZÜRICH
Zu beiden Seiten der Limmat erstreckt sich die Altstadt mit reizvollen Plätzen und engen Gassen. Das barocke Zunfthaus beherbergt eine Keramiksammlung; gleich daneben die Fraumünsterkirche, die besonders wegen Chagalls Glasfenstern einen Besuch wert ist. Im Renaissance-Rathaus auf dem östlichen Limmatufer tagen Kantons- und Gemeinderat.

DIE RHEINSCHLUCHT
Die größte der Graubündner Schluchten liegt zwischen Ilanz

Eine steinerne Huldigung an die Liebe in der Villa Carlotta.

und Reichenau: die Ruinaulta. Reisende, die mit der »Rhätischen« unterwegs sind, erleben sie als spannendstes Teilstück auf der Fahrt ins Bündner Oberland; die Straße gewährt dagegen keine Aussicht in die einzigartige Klamm. Entstanden ist sie aus einem späteiszeitlichen Bergsturz; das abgebrochene

Die Fähre Meilen–Horgen fährt das ganze Jahr über den Zürichsee.

Gestein bedeckt eine Fläche von etwa 40 Quadratkilometern – bis zu 800 Meter hoch! Der Vorderrhein staute sich im Becken von Ilanz; erst nach und nach bahnte er sich einen Abfluß durch das noch wenig verfestigte Material – und schuf so eine der großartigsten Flußlandschaften der Schweiz.
Ein Tip: Zu Fuß von Ilanz oder Castrisch durch die Schlucht bis zur Station Versam gehen, dann mit der Bahn zurückfahren.

ZILLIS
Die Kirche St. Martin bewahrt eine kulturhistorische Sensation: die älteste figürlich bemalte und fast vollständig erhaltene Holzdecke der abendländischen Kultur, entstanden um 1150. Sie besteht aus 153 mit Ornamenten gerahmten Einzelfeldern, jedes knapp einen Quadratmeter groß. Der große Zyklus mit hundert Bildern ist eine faszinierende Bildgeschichte des Lebens Christi, beginnend mit den Königen des Alten Testaments, endend mit der Dornenkrönung. Ein letzter Streifen zeigt Szenen aus dem Leben des Kirchenpatrons, des heiligen Martin.

RIVIERA DELLA TREMEZZINA
Zwischen Argegno und Menaggio erstreckt sich die Tremezzina, ein reizvoller Uferstreifen des Comer Sees, der wegen seiner wunderschönen Blütenpracht »Azaleen-Riviera« genannt wird. Daß sich die Haute-

volee hier besonders gerne niedergelassen hat, bezeugen eindrucksvoll prächtige Villen mit großzügigen Gärten rundum, meistens hinter hohen Mauern versteckt. Feudalstes Beispiel: die Villa Carlotta, im Kern barock, zu Beginn des 19. Jahrhunderts mit einer klassizistischen Fassade geschmückt.

Tips für unterwegs

Im Volksmund wird der Kanton Glarus gelegentlich als »Zigerschlitz« bezeichnet, und wenn der eine oder andere dabei das Gesicht verzieht, handelt es sich um eine reine Geschmacksfrage. Denn der Name bezieht sich

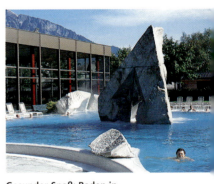
Gesunder Spaß: Baden in der Therme von Bad Ragaz.

einerseits auf das schmal-hohe Profil des Glarnerlandes, zum anderen auf seine kulinarische Spezialität: Der Schabziger ist ein ziemlich pikanter Ziegenkäse, hat Kegelform und wird vom »Stöckli« heruntergeschabt. Man ißt ihn mit Brot und Butter; seinen eigenwilli-

	ENTFERNUNGEN	
km	**Zürich**	344
	96 km	
96	**Sargans**	248
	30 km	
126	**Chur**	218
	58 km	
184	**Splügenpaß**	160
	30 km	
214	**Chiavenna**	130
	83 km	
297	**Como**	47
	47 km	
344	**Mailand**	km

Chur: Stadt am Rhein mit langer Geschichte und mildem Klima.

DIE WICHTIGSTEN BERGE UND PÄSSE	
Glärnisch	2914 m
Churfirsten	2279 m
Splügenpaß	2113 m
Surettahorn	3027 m
Pizzo Tambo	3279 m
Julierpaß	2284 m
Malojapaß	1815 m
Monte Legnone	2609 m
Grigne	2409 m
Monte Generoso	1701 m

gleich nach Como weiterfahren; weit abwechslungsreicher ist allerdings die Berg- und Talfahrt über das Intelvi, vor allem mit einem Abstecher auf guter Straße zur Sighignola, einem

Einem Fjord ähnlich liegt der lange Walensee zwischen steilen Bergketten.

Blaues Wasser und ein grandioser »Rahmen«: der Comer See.

phantastischen Belvedere gegenüber der Bucht von Lugano und gut 1000 Meter über dem See. Von Menaggio am Comer See über Lugano, Maroggia, Lanzo d'Intelvi, Sighignola und Intelvi sind es zurück bis Argegno am Seeufer 76 Kilometer.

SOUVENIRS

Ohne Uhr in den Urlaub aufgebrochen? Im Land der Swatch ist das wahrhaftig kein Problem. In der eleganten Züricher Bahnhofstraße reiht sich ein Uhren- und Schmuckgeschäft ans andere; auch die begehrten, vielteiligen Schweizer Armeemesser erhalten Sie hier. Am Paradeplatz in der Konditorei »Sprüngli« gibt es erstklassige Torten, die leckeren »Luxemburgerli« oder Schokoladenwürfel »number one«.

Wer durchs Glarner Land fährt, sollte die einheimischen Spezialitäten probieren, etwa die Glarner Pastete – ein Gebäck aus Blätterteig, Mandeln und Zwetschgen –, das Glarner Birnenbrot oder den bereits erwähnten Glarner Schabziger.

Ein »Älpler« auf Abwegen in der Züricher Altstadt.

LUGANO UND SEIN SEE

Einmal am Comer See angekommen, sollte man sich einen Abstecher ins benachbarte Tessin gönnen. Da ist zunächst der Luganer See, zwar wesentlich kleiner als der Lago Maggiore oder der Lario, aber mit seinen Steilufern und vielen hübschen Dörfern wie etwa Gandria, Carona oder Morcote ein echter Touristenmagnet. Den schönsten Blick auf das eigenwillig geformte Gewässer gewährt der Monte San Salvatore (912 m), zu dem sich von Lugano ein Zahnradbähnchen hinaufzieht; und ein riesiges Panorama des Alpeninnenbogens – vom Monviso bis zu den Bergamasker Alpen – weist der Monte Generoso auf, auch er mit Bahnanschluß. Lugano bietet neben seinen Uferpromenaden viel Kultur: alte Mauern, aber auch zahlreiche interessante Ausstellungen.

Von der Südspitze des Luganer Sees, dem Capolago, kann man

Hinter der Via Mala liegt die weite Talung von Schons.

gen Geschmack – nicht jedermanns Sache – verdankt er dem Blauen Klee, mit dem der Schabziger gewürzt wird.

In der autofreien Altstadt von Como läßt es sich wunderbar bummeln.

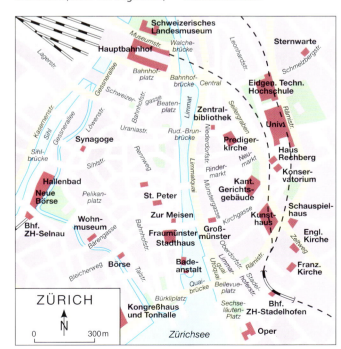

VELTLIN – DAS TAL AUF DER FALSCHEN SEITE

Zugegeben, das Veltlin – italienisch Valtellina – hatte es nie leicht, in der Konkurrenz der alpinen Schönheiten zu bestehen. Da ist einmal die (übermächtige) Nachbarschaft des Engadins mit seinen Seen, und dann reklamieren die Nachbarregionen all die schönen Gipfel rundum für sich: Der Ortler mit seinen gut 3900 Metern gilt als Südtiroler Berg, Piz Palü und der Viertausender Piz Bernina gehören zur strahlenden Oberengadiner Kulisse, und die Alpi Orobie bilden das Hinterland von Bergamo. Ein paar Jahrhunderte war das Veltlin dazu Untertanengebiet der Graubündner. Und dann ist da noch die Sache mit dem Wein. Nördlich der Alpen kennt (fast) jedermann den Grünen Veltliner, einen Weißwein aus Österreich, wogegen die Veltliner Gewächse mit ihrer rubinroten Farbe und so klangvollen Namen wie Grumello, Sassella und Inferno hierzulande kaum Anhänger haben. Zur dünn geschnittenen Bresaola, deren Geschmack an Bündner Fleisch erinnert, nur nicht ganz so nussig ist, paßt ein Gläschen Veltliner einfach hervorragend. Probieren Sie doch mal!

Berühmtestes Gipfelprofil der Alpen: das Matterhorn mit seinen charakteristischen Graten.

Von Basel ins Herz der Eidgenossenschaft

ROUTE 6

Die Schweiz mag flächenmäßig eines der kleinen Länder Europas sein, aber sie ist immerhin eines der höchsten. Und hoch hinauf geht es auch auf dieser Fahrt über die Pässe der Berner Alpen, vorbei am mächtigen Aletschgletscher, dem größten Gletscher der Alpen.

Route 6

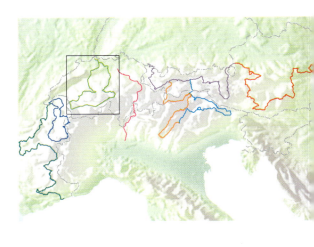

Durch die Täler der inneren Alpen

Hier sind die Berge am höchsten, die Gletscher am längsten, die Täler am tiefsten und die Seen dunkelblau – fast scheint es, als wären alle Superlative der Alpen zwischen Luzern und Zermatt, zwischen Bern und Monte Rosa versammelt. Im Berner Oberland wurde der Alpentourismus »erfunden«, und im Wallis über Zermatt steht der markanteste Hochgipfel des Landes: das Matterhorn.

Mit dem »Käfer« hinauf auf die Alm und weiter zu Fuß durch die urige Berglandschaft der Rosenlaui.

Wer behauptet, *Basel* wäre das klassische Nordtor zur Schweiz, hat zwar recht, aber eben nur halb. Denn die lebhafte Stadt am Rheinknie, eingebettet zwischen Schwarzwald, Vogesen und Jura, ist noch viel mehr: ein Tor der Schweiz zur Welt. Das hat sie geprägt, für den Fortschritt wie für Fremdes zugänglich gemacht, auch zu den Zeiten, als die Eidgenossenschaft vor allem mit rückwärtsgewandter Nabelschau beschäftigt war. Die Stadtteile Groß- und Kleinbasel werden heute durch sechs Brücken verbunden; neben dem romanisch-gotischen Münster ist der Rundturm der Bank für Internationalen Zahlungsausgleich ein modernes Wahrzeichen Basels, und böse Zungen behaupten schon mal, die Pharmariesen vor den Toren wären maßgeblich am politischen Gang der Dinge beteiligt…

Basel liegt nördlich der Juraketten, und der Rhein bildet bis hinauf zum Bodensee fast durchgehend die Nordgrenze der Schweiz. Wer bereits hier einen ersten Blick auf den noch fernen Alpenbogen werfen will, kann das vom gotischen Hügelkirchlein St. Chrischona aus tun – bei gutem Wetter natürlich. Sehr schön zeigen sich von leicht erhöhter Warte auch die grünen Juraketten, die gestaffelt hintereinander stehen. Hat man diese Mittelgebirgshöhen erst einmal hinter sich gebracht, ist es nicht mehr weit bis nach *Solothurn* mit sehenswerter, barock geprägter Altstadt. Einige Kilometer aareaufwärts, bei Altreu, befindet sich die größte Storchensiedlung der Schweiz – und die verzeichnet möglicherweise mehr Flugbewegungen als Basel–Mulhouse.

Ins Bernbiet. Hinter Solothurn betritt man bald Berner Boden, und da ist der Welt berühmtestes Käserevier nicht mehr weit, wie ein Flußname verrät: Emme. Im Emmental werden jährlich beinahe 12 000 Tonnen der löchrigen Köstlichkeit produziert, und daß man vom Käsern auch früher gut leben konnte, belegen die vielen stattlichen Bauernhäuser mit ihrem opulenten Blumenschmuck und den ausladenden Dächern eindrucksvoll. Ein »trääfes« (zutreffendes) Bild des bäuerlichen Lebens vergangener Zeiten zeichnete der aus Lützelflüh im Emmental stammende Pfarrer Albert Bitzius alias Jeremias Gotthelf (1797–1854) in seinen Erzählungen und Romanen, etwa in »Uli der Knecht«.
In *Bern*, der Schweizer Hauptstadt, wird man wohl einen längeren Halt einplanen; ihr historischer Kern, 1983 zum UNESCO-Weltkulturerbe erklärt, gilt als das bedeutendste Bauensemble des Landes. Doch andererseits locken natürlich die Berner Alpen, deren Gletschergipfel an Föhntagen gleich hinter dem Berner Münsterturm zu stehen scheinen. In *Thun* ist man dann bereits im Oberland, und wie das zu Beginn des 19. Jahrhunderts ausgesehen hat, kann hier im berühmten Wocher-Panorama, einem 39 mal 7,5 Meter

Gottvertrauen im Schatten großer Berge: Kandersteg und das vergletscherte Massiv der Blümlisalp.

Bei der Alpfahrt wird die Leitkuh mit einer besonders schönen und schweren »Treichel« geschmückt.

ROUTE 6

»Stockfinstere Tunnel kamen, und wenn es wieder Tag wurde, taten weitläufige Abgründe mit Ortschaften in der Tiefe sich auf.«

Thomas Mann,
Der Zauberberg, 1924

großen Rundgemälde, besichtigt werden. Zu jener Zeit hatten die Hochalpen bereits etwas von ihrem Schrecken verloren, und die ersten Touristen kamen mit der Kutsche am Thuner See an.

Legendäres Trio. Viertausender gibt es in den Berner Alpen gleich mehrere. Den Rekord hält das Finsteraarhorn mit 4274 Metern; ungleich bekannter ist aber jener Berg mit der steilen Nordwand, dem nur 30 Meter zum erlauchten Kreis der Viertausender fehlen: der Eiger. Freie Sicht auf das legendäre Gipfeltrio Eiger, Mönch und Jungfrau genießt man vom Höheweg in *Interlaken*. Daß die Wiese davor bis heute nicht verbaut worden ist, verdanken wir der Weitsicht der Hoteliers, die das Grundstück um 1860 kurzerhand aufkauften. So blieb der »überirdisch« schöne Blick auch für kommende Generationen erhalten. Außerirdischem kann man möglicherweise in absehbarer Zukunft auch vor den Toren Interlakens begegnen; zusammen mit Erich von Däniken planen Tourismusmanager hier einen riesigen Utopiapark…

Um ausbleibende Gäste müssen sich die Täler der Schwarzen und der Weißen Lütschine kaum Sorgen machen; das Gletscherdorf *Grindelwald*, bei den Japanern besonders beliebt, hat seine (Eiger-)Nordwand, Wengen ist der zweitgrößte Wintersportort im Berner Oberland, und das vom Gletschereis trogförmig ausgehobelte Tal von Lauterbrunnen wartet mit über siebzig Wasserfällen auf, von denen der Staubbachfall und die am Berg über zehn Kaskaden herabstiebenden *Trümmelbachfäl-*

Der Oeschinensee am Fuß der mächtigen Blümlisalp (oben). Bernhardiner helfen seit Jahrhunderten bei der Suche nach Lawinenverschütteten (unten).

Die Bergwelt – wie hier in der Jungfrauregion – erlebt man am schönsten auf einer Wanderung.

le die schönsten sind. Und dann ist da Europas höchstgelegener Bahnhof am *Jungfraujoch*: 3454 Meter über dem Meer!

Dreh am Gipfel. Fast so hoch hinauf bringt einen die Riesenseilbahn drüben am Schilthorn, dessen Gipfel nicht nur buchstäblich »den Dreh raus hat« – nämlich ein drehbares Panoramarestaurant besitzt – sondern durch einen Bondfilm zu Kinoweihen kam: 007 läßt grüßen… Roger Moore soll auch privat schon öfter

Relaxen im Thermalwasser von Leukerbad.

im Berner Oberland gesichtet worden sein, allerdings weiter westlich, im Nobelort Gstaad. Er dürfte zur Anreise wohl den Luftweg genommen haben; der übliche »Landweg« führt von *Spiez*, das im Schatten seines mächtigen Schlosses an einer Bucht des Thuner Sees liegt, durch das Simmental. Und wer jetzt ans liebe Vieh denkt, liegt richtig. Die Simmentaler Kuh ist ganz eindeutig die berühmteste Simmentalerin und dazu seit Jahrhunderten ein echter Exportschlager. So etwas bringt Wohlstand; den sieht man den stattlichen Bauernhäusern auch an. Und

Die Basler Fasnacht beginnt um vier Uhr früh mit dem berühmten »Morgenstreich«.

in *Saanen*, dem Nachbarort von Gstaad, wird eine leckere Spezialität aus Kuhmilch hergestellt: der Saanenkäse.

Spitze Felszähne. Die Sprachgrenze zwischen deutsch und welsch ist nicht mehr weit, Ballonfahren kann man im benachbarten Château-d'Oex, und an der Straße zum Col du Pillon hört ein Weiler auf den Namen Feutersoey – was für ein Zungenbrecher!

Das Dorf *Les Diablerets* liegt bereits auf Waadtländer Boden – on parle français! – am Fuß des gleichnamigen Bergmassivs. Die Bergstrecke hinauf zum *Col de la Croix* bietet einen packenden Blick in den Nordwestabsturz der Diablerets, ein riesiges Felshalbrund, das ein bißchen an den berühmten Cirque de Gavarnie in den Pyrenäen erinnert.

Auf der Fahrt hinab ins Rhonetal kommen die siebengipfligen Dents du Midi ins Blickfeld. Bei *St-Maurice*, dem Festungsstädtchen mit zweitausendjähriger Geschichte, überquert man die Grenze zum Kanton Wallis, doch erst bei *Martigny*, am Rhoneknie, öffnet sich das größte Tal der Alpen, umgeben von etlichen Viertausendern und 120 Kilometer lang, ein Landstrich voller Gegensätze, in manchem der Provence näher als der Deutschschweiz.

Wahrzeichen Basels: das Münster (oben); typisch für Bern: die Laubengassen (unten).

ROUTE 6

Die Kleine Scheidegg bietet freie Sicht auf Mönch und Jungfrau (großes Bild); ganz nah kommt man der berüchtigten Eiger-Nordwand beim Blick durchs Fernglas (oben). Wandern einmal anders: mit einem Lastesel (unten).

Ein traditionelles Schweizer Gericht ist das Käsefondue. Wichtig ist natürlich die Käsemischung, aber auch ein guter trockener Weißwein zum Anstoßen gehört dazu – und die richtige Gesellschaft.

Hier stehen die höchsten Gipfel Helvetiens, wandern die größten Alpengletscher talwärts, während an der Rhone Aprikosen und Tomaten geerntet werden, Winzer den süffigen Fendant und kräftige Rotweine keltern. *Visperterminen* wartet mit dem höchsten Rebberg der Alpen, ja ganz Europas auf – in 1200 Meter Höhe – und in dem Flecken Mund wird ganz Exotisches angebaut: Safran. Die Jahresernte beträgt normalerweise etwas mehr als ein Kilogramm ...

Kirchenburgen und Ruinen. Hauptstadt des zweisprachigen Kantons Wallis ist *Sion*, das mit seinem historischen Ortskern am Fuß von zwei einst befestig-

DIE EIGER-NORDWAND

Blickfang ist sie nach wie vor, die monumentale Nordwand des Eiger, ihren Nimbus aber hat sie weitgehend verloren. Einst galt die düstere Felsflucht als die größte alpinistische Herausforderung, als gefährlich, mörderisch. Nach mehreren fehlgeschlagenen Versuchen schaffte 1938 die deutsch-österreichische Viererseilschaft Heckmayr, Vörg, Kasparek und Harrer die erste Durchsteigung; später glückten auch Winterbegehungen, und mit gewaltigem Materialaufwand wurde sogar eine Super-Direttissima eröffnet. Gefährlich ist die Tour aber nach wie vor aufgrund der extremen Steinschlaggefahr und der Nordexposition, die sich bei Wetterumstürzen schon oft als fatal erwies. Doch insgesamt hat die Wand ihren Schrecken weitgehend verloren, und im Spätsommer 1999 konnte man im Schweizer Fernsehen sogar einer Seilschaft live bei der Durchsteigung zugucken.

Von der Kleinen Scheidegg (oben) fährt die 1912 eröffnete Zahnradbahn hinauf zum Jungfraujoch, wo man der Welt des ewigen Eises, wie hier in der Eishöhle, ganz nahe ist (unten).

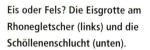

Eis oder Fels? Die Eisgrotte am Rhonegletscher (links) und die Schöllenenschlucht (unten).

ten Hügeln liegt. Schloß Tourbillon ist Ruine, wogegen die Valère als weitgehend intakte Kirchenburg beeindruckt. Beherrscht wird sie von der romanisch-gotischen Stiftskirche, deren Schwalbennestorgel von 1435 als älteste spielbare Orgel der Welt gilt. *Sierre* schließlich kann mit dem Château de Vidomnes aufwarten, das mit hoch aufgesetzten Rundtürmen einen wehrhaften Eindruck macht. Und *Leuk* am Eingang der Dalaschlucht weist noch etliche romanische und gotische Bauwerke auf – etwa den Turm der Viztume, heute das Rathaus.

Täler, Pässe, Gipfel. Das touristische Kapital des Wallis sind seine Seitentäler, die tief in die Hochgebirgswelt der Walliser und Berner Alpen hineingreifen. Ganz hinten im Val de Bagnes, im Lötschental, unter den Gemmiwänden, im Saas- und im Mattertal ist die Welt noch keineswegs zu Ende: Steile, oft abenteuerliche Wege, vor Jahrhunderten angelegt, führen über die hohen Pässe ins Berner Oberland, ins Aostatal und ins Valle d'Ossola. So wur-

ROUTE 6

Auf Straßen und Fußwegen durchs Gebirge: in Andermatt (oben), im Berner Oberland (Mitte) und im Val d'Hérens (unten). Die bizarren Gebilde – Erdpyramiden – bestehen aus verfestigtem Moränenschutt.

den die Täler »hinter« Matterhorn und Monte Rosa sowie das Pomat im späten Mittelalter von Wallisern (Walsern) besiedelt. Und den *Großen St. Bernhard* überqueren nicht nur Händler und Pilger (von denen immer mal wieder einige gerettet werden mußten – der berühmt gewordene Bernhardiner Barry half da zu Beginn des 19. Jahrhunderts zuverlässig), sondern auch die Soldaten Napoleons auf dem Weg in die Lombardei.

Einige Bedeutung als Verbindung mit dem Berner Oberland hatte vor der Eröffnung des Lötschberg-Eisenbahntunnels (1913) der Gemmiweg; doch der Abstieg nach *Leukerbad* war gefürchtet, und so mancher Reisende zog es angesichts der »gähnenden Abgründe« vor, sich die Augen verbinden und führen zu lassen…

Paßgeschäfte. Ein anderer Walliser Paß, der Simplon, ist untrennbar mit dem Namen eines Mannes verbunden: Kaspar Jodok Stockalper (1609–1691). Als gewiefter Geschäftsmann machte er unter anderem mit dem Handel am Simplon ein Riesenvermögen; sein dreitürmiger Palast – das größte Barockschloß der Schweiz – beherrscht noch heute, optisch zumindest, *Brig.* Das Städtchen ist wichtigster Verkehrsknotenpunkt des Oberwallis, in alle Richtungen gehen von hier aus Eisenbahnlinien: rhoneabwärts, via Simplontunnel nach Iselle in Italien, durch den Lötschberg ins Berner Oberland, ins Mattertal, durch das Goms – vorbei an Münster mit seinen sonnengeschwärzten Häusern – und den Furkatunnel nach Andermatt. Auch die größte Sehenswürdigkeit der Region hat einen Bahnanschluß: der *Aletschgletscher.* Seilbahnen führen von Blatten auf die Belalp, von der Rhone in Mörel hinauf zu den Ferienregionen der Rieder- und Bettmeralp, von Fiesch zum Eggishorn und zur großen Aussicht auf den längsten Alpengletscher.

Das oberste Tal der Rhone, das *Goms*, ist ein herber Landstrich, der nie viele Menschen ernährte. Seit dem 13. Jahrhundert zogen die Gommer (Walser) in die Frem-

für dem Goms eine wintersichere Bahnverbindung mit Andermatt, den *Furkatunnel*. Die alte Strecke über den Paß wurde später abgebaut; seit ein paar Jahren bemüht sich ein privater Verein, sie zu rekonstruieren. Dazu holte man sogar zwei 1947 via Frankreich nach Vietnam gelangte Dampfloks zurück ins Land, wo sie wieder auf der Seite von Uri verkehren, ab 2002 – hoffentlich! – auch auf der Walliser Seite. Dann werden auch Bahnreisende wieder den Rhonegletscher be-

Im Herzen der Schweizer Alpen: Lötschental (großes Bild) und Gadmental (oben), die Trümmelbachfälle (unten) und der Rhonegletscher (links).

Ein typischer Walliser Speicher, auf »Mäusesteinen« stehend.

de, einige wenige wurden reich. Der aus Ernen stammende Matthäus Schiner, Kardinal in Sion, wollte sich sogar zum Papst wählen lassen. Cäsar Ritz (1850–1918) aus Niederwald begründete von Paris aus immerhin ein Hotelimperium. Voilà!

Über die Furka. Ein Walliser namens Roger Bonvin, in den sechziger Jahren Berner Regierungsmitglied, bescherte da-

wundern können. Ganz nahe an den stark geschrumpften Eiskatarakt heran führen die Serpentinen der Paßstraße, und vom Belvedere aus kann man sogar ein Stück weit in das Eis hineinspazieren und eine künstliche Grotte bestaunen!
Am *Furkapaß* in über 2400 Metern Höhe bietet sich ein phantastischer Blick auf mehrere Viertausender der Berner Alpen; bei der Talfahrt über die Kehren oberhalb

Fortsetzung Seite 132

Beim Belvedere führt die Furkastraße dicht an die Zunge des Rhonegletschers heran.

ROUTE 6 – *Der »Glacier-Express«* –

Die schönste Zugstrecke der Schweiz

Die Fahrt beginnt exakt um 8.30 Uhr mit einem kleinen Ruckeln und großen Erwartungen: 323 Kilometer quer durch die Schweiz, acht Erlebnisstunden zwischen St. Moritz und Zermatt, etwa 40 Kilometer weit jede Stunde, Halte eingerechnet. Kein Wunder, daß der »Glacier-Express« als »langsamster Schnellzug der Welt« apostrophiert wird. Doch das stört

niemanden in dem komfortablen Panoramawagen erster Klasse, denn Schauen und Genießen ist angesagt auf dieser Reise durch einige der schönsten Partien der Schweizer Alpen. Natürlich auch im Speisewagen, wo während der Fahrt hinab ins Urserental gerade das Dessert serviert wird.
Eisenbahnfreaks geraten bereits ob der einmaligen Trassenführung der Albulastrecke aus dem Häuschen, romantische Gemüter halten im Domleschg Ausschau nach historischen Mauern und wehrhaften Burgen. Die Rheinschlucht (Ruinaulta) schlägt dann alle in ihren Bann: bizarre Felsen auf der einen, gischtende Wasser auf der andern Seite. Durch das freundliche Oberland geht's taleinwärts nach Disentis, dessen mächtiges Kloster mit seiner doppeltürmigen Kirche schon von weitem grüßt; hinter Sedrun steil an der Zahnstange hinauf zum Oberalppaß, dem mit 2033 Metern höchsten Punkt der gesamten Strecke. Bei der Talfahrt nach Andermatt kommt der Furkapaß ins Bild. Leider fährt der »Glacier-Express« heute nicht mehr oben drüber, sondern ganz banal-modern durch den Berg, in einem 16 Kilometer langen Tunnel. In Brig,

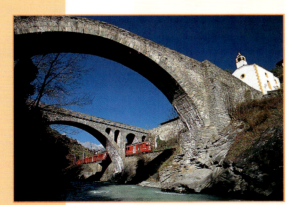

Der »Glacier-Express« verbindet St. Moritz und Zermatt; Halt macht er unter anderem im Goms (oben) und in Stalden (unten). Der Service im Zug ist erstklassig (rundes Bild).

dem größten Bahnhof der Strecke, wechselt man von den Gleisen der »Furka-Oberalp-Bahn« (FO) auf jene der »Brig-Visp-Zermatt-Bahn« (BVZ). An der Mündung des Vispertals ins Rhonetal, in Visp, geht es nach Süden. Und dann, hinten im Mattertal, kommt es ins Blickfeld: das Matterhorn, das phantastische Schlußbild einer einmaligen und unvergeßlichen Reise. »Zermatt, alles aussteigen!« In dem berühmten Walliser Ferienort endet die Fahrt, die über 291 Brücken, durch 91 Tunnels und an zahllosen Aussichten vorbeiführt. Zweimal wird unterwegs die Lok gewechselt, die Höchststeigungen am Oberalppaß liegen bei 18 Prozent. Da muß man im Speisewagen schon aufpassen, daß nicht etwa ein Glas umkippt…

Der Erste-Klasse-Panoramazug verkehrt nur im Sommer, zwischen Mai und Oktober; wer mitfahren will, muß auf jeden Fall rechtzeitig Plätze reservieren. Denn der »Glacier-Express« ist oft Monate im voraus ausgebucht. Ganz billig ist das Vergnügen auch nicht; es verkehren auf den Strecken der »Rhätischen« (RhB), der FO und der BVZ aber auch ganz normale Züge. Und wem es nichts ausmacht, daß er ein paarmal umsteigen muß, kann sich seinen ganz persönlichen »Express« zusammenstellen. Das ist zum einen billiger, und zum anderen kann man dann unterwegs beliebig lange Pausen einlegen – bei der Fülle an Eindrücken ist das sehr zu empfehlen.

Die aussichtsreiche Bahnfahrt (oben) führt über zahllose Viadukte und Tunnels, wie hier bei Filisur (großes Bild).

WO DIE ZÜGE PÜNKTLICH FAHREN: EISENBAHNLAND SCHWEIZ

Die Eidgenossen machen es einem leicht, auch mal auf die Bahn umzusteigen, das Auto stehen zu lassen. Denn hier halten die Züge Takt, sind Verspätungen selten und die Fahrpläne das reinste Wunder: Der Anschluß ist (fast immer) garantiert, sogar vom Bus auf die Bahn und umgekehrt. Selbst auf kleinen Bergstraßen verkehren die gelben Postbusse, bringen Einheimische ins Tal und Wanderer zu den Ausgangspunkten ihrer Tour. Wer etwa die berühmte Innerschweizer Dreipässe-Rundfahrt Furka–Grimsel–Susten ganz entspannt ohne Staus und Parkplatzsuche erleben möchte, braucht bloß umzusteigen – in einen Bus der Schweizerischen PTT. Da hat man dann Muße, all die Landschaftseindrücke aufzunehmen, und der Dreiklang des Tüt-tä-tä (übrigens aus Rossinis »Wilhelm Tell« entliehen) sorgt für Vorfahrt. Da gehen dann sogar die Kühe zur Seite…

ROUTE 6

von *Realp* hat man dann freie Sicht in das Urserental. Schwer vorstellbar, daß einst geplant war, das ganze Tal in einen Stausee zu verwandeln! Daraus ist nichts geworden, es siegte die Vernunft, vom Widerstand der Andermatter unterstützt. So sind weder der alte Hospentaler Burgturm noch das romanische Kirchlein St. Kolomban zu Unterwasser-Sehenswürdigkeiten verkommen, und die Straße führt hinter dem »Kasernendorf« Andermatt beim großartig gelegenen Ort Göschenen in die wilde, sagenumwobene *Schöllenenschlucht*, einst das Haupthindernis am Weg über den St. Gotthard. Heute rauscht der Fernverkehr durch den Tunnel.

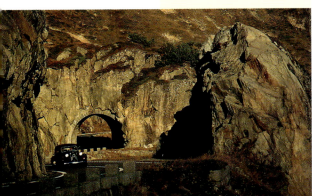

Rast an der Rosenlaui (oben). Die Rigi bietet nicht nur ein großes Bergpanorama, sondern auch freie Sicht auf mehrere Innerschweizer Seen wie den Zuger See (Mitte). – Die Susten-Straße (unten) verbindet Meien- und Gadmental.

Von Uri ins Bernbiet. In Wassen beginnt die Auffahrt zum *Sustenpaß*; die Urner Rampe bietet eher wenig Abwechslung, dafür empfängt einen das Berner Oberland jenseits des kurzen Scheiteltunnels mit einem herrlichen Hochgebirgsszenario. Besonders schön ist der Blick auf den zerklüfteten Steingletscher, dessen Zunge in den milchiggrünen See kalbert (so nennt man in der Schweiz das Abbrechen von Eisbrocken ins Wasser).

Drunten in Innertkirchen, wo die Paßfahrt endet, ist nach all dem Hochgebirge zur Abwechslung ein Abstecher »in den Berg« fällig: zur *Aareschlucht*. Wer dann von tosenden Wassern noch nicht genug hat, kann anschließend die *Reichenbachfälle* bei Meiringen besichtigen. In den Wasserkaskaden verschwand vor vielen Jahren eine weltbekannte fiktive Persönlichkeit: Sherlock Holmes, der legendäre Detektiv von Sir Arthur Conan Doyle. Zum Trost: Meiringen hat ihm ein kleines Museum eingerichtet.

Jenseits des 1000 Meter hoch gelegenen *Brünigpasses*, der das Berner Oberland mit der Innerschweiz verbindet, reihen sich gleich mehrere Seen am Weg nach Luzern aneinander: der grünlich schimmernde Lungernsee, der Sarner See mit *Sarnen*, dem Hauptort des Halbkantons Obwalden, der Alpnacher See und der weltberühmte *Vierwaldstätter See*. An seinem Abfluß liegt *Luzern*, ein Muß auf jeder Europareise. Zumindest scheinen US-Amerikaner und Japaner dieser Meinung zu sein, und so bestaunen sie die berühmte, holzgedeckte Kapellbrücke vor dem Bergprofil der Rigi, das Löwendenkmal und die Museggtürme.

Seen und Barock. Sie begleiten die weitere Fahrt in den Nordosten der Schweiz. Die Alpen bleiben zurück, der Baldegger und der Hallwiler See setzen Akzente in die freundliche Hügellandschaft. Nun passiert man *Hochdorf* mit seiner stattlichen barocken Kirche. Als Wohnmuseum vergangener Zeiten eingerichtet ist das Wasserschloß Hallwil; auf einem schroffen Felsen über dem Städtchen *Lenzburg* thront die mächtige Anlage seines Schlosses, getreues Spiegelbild historischer Machtverhältnisse. Und oben am Jurarücken geht ein letzter Blick zurück über das Schweizer Mittelland auf den weit gespannten Alpenbogen. Der Rückweg nach Basel führt über *Aarau*, das einen hübschen Stadtkern mit spätgotischen und barocken Wohnhäusern sowie als ältestes Bauwerk das sogenannte Schlössli aufweist. Nach Basel ist es von hier aus nur noch ein Katzensprung.

Vom Wasser in Jahrtausenden geschaffen: die tiefe Aareschlucht (großes Bild). – Alte Gletscherbecken sind heute große Seen: der Vierwaldstätter See bei Brunnen (oben) und vom Pilatus aus (unten).

Blick von der Seebodenalp auf die abendlichen Lichterketten am Vierwaldstätter See: Rechts liegt Luzern, die »Leuchtenstadt«, links Hergiswil, darüber der Pilatus.

ROUTE 6

Planen und erleben...

Die ganze Schönheit des Vierwaldstätter Sees erschließt sich auf einer Schiffahrt.

Mächtig ragt der Eiger über dem »Gletscherdorf« Grindelwald auf.

Die Highlights

BASEL
Sein schönster Platz ist der Münsterplatz, im 18. Jahrhundert rund ums gotische Münster angelegt. Neben mittelalterlichen Fachwerkhäusern stehen in dieser Gegend prächtige Rokokohäuser. Von der Rheinterrasse bietet sich eine malerische Aussicht auf den Strom und die Hügel rundum.

BERNER ALTSTADT
Sie ist das wohl schönste Bauensemble der Schweiz, kein Museum, sondern in Jahrhunderten gewachsener Lebensraum. Und

↓	ENTFERNUNGEN	↑
km	**Basel**	680
	62 km	
62	**Solothurn**	618
	35 km	
97	**Bern**	563
	51 km	
148	**Interlaken**	532
	82 km	
230	**Col du Pillon**	450
	81 km	
311	**Sion**	369
	111 km	
422	**Furkapaß**	258
	50 km	
472	**Sustenpaß**	208
	84 km	
556	**Luzern**	114
	114 km	
680	**Basel**	km

Am Aufstieg zum Wildstrubel.

daß man unter den Arkaden sogar bei Regen bummeln (und einkaufen) kann, ist ein weiterer Vorzug. Das alte Bern liegt auf einem von der Aare umflossenen Sandsteinrücken; hoch über seine Dächer hinaus ragt der Turm des spätgotischen Münsters. Über 334 Stufen führt dort eine Treppe hinauf, was bei schönem Wetter ein tolles Alpenpanorama garantiert.

JUNGFRAUJOCH
Höher hinauf geht's nicht mehr, zumindest nicht mit der Eisenbahn: Der Bahnhof am Jungfraujoch ist der höchste Europas, 3454 Meter über dem Meeresspiegel. Die Zahnradbahn verläuft von der Kleinen Scheidegg, die man ab Wengen oder Grindelwald ebenfalls mit dem Zug erreicht, größtenteils im Berg; sie überwindet einen Höhenunterschied von fast 1400 Metern. Dann heißt es umsteigen in den Sphinxlift, der die Touristen auf den Gipfel der Sphinx bringt, mitten hinein in eine fast schon arktisch anmutende Hochgebirgsregion zwischen Mönch und Jungfrau.

DER GROSSE ALETSCHGLETSCHER
Mit 170 Quadratkilometern Fläche ist er der größte Alpengletscher überhaupt. Gespeist wird er von den Drei- und Viertausendern der Berner Alpen; am Konkordiaplatz vereinigen sich die Gletscher zum großen Eisstrom. Und der bewegt sich langsam talwärts, mit einer Geschwindigkeit von 2 Zentimetern pro Stunde. So benötigen die Eiskristalle vom Jungfraujoch bis hinunter zur (abschmelzenden) Gletscherzunge etwa 130 Jahre! Auch der riesige Aletschgletscher bleibt von der Klimaerwärmung nicht verschont, obwohl der Rückgang hier weniger auffällig ist. So staute das Eis noch vor wenigen Jahrzehnten den Märjelensee unterm Eggishorn auf; inzwischen ist das Gewässer zu einem Tümpelchen verkommen.

Wahrzeichen Luzerns ist die hölzerne Kapellbrücke.

DIE SCHÖLLENEN
Die Granitschlucht zwischen Göschenen und Andermatt war einst das Haupthindernis am Gotthardpaß. Zwar behauptete Aegidius Tschudi bereits im 16. Jahrhundert, daß »über den Gotthard eine vornehme stäts brüchliche Landstrass ist«, doch beim Anblick der »Stiebenden Stiege«, die mit Ketten an den Felsen über der Reuss verankert war, dürften so manchen Reisenden schwere Zweifel am Ur-

teilsvermögen des Chronisten befallen haben. Im Jahr 1707 wurde das abenteuerliche Bauwerk durch einen Tunnel ersetzt, und so reiste Goethe im Sommer 1775 vergleichsweise komfortabel über den Gotthard nach Italien. Einige Jahre später, während der Koalitionskriege, kam der Russengeneral Suworow mit seinem Heer durch die Schöllenen; ein aus dem Felsen gehauenes Denkmal mit kyrillischer Inschrift erinnert an den wenig erfolgreichen Feldzug durch die Schweizer Alpen, der 1799 stattfand.

Star bei den japanischen Gästen an der Großen Scheidegg: Barry.

DIE AARESCHLUCHT

Zwischen Innertkirchen und Meiringen hat sich die Aare in Jahrtausenden tief in den Felsriegel des Kirchet gegraben. Steile Felsen bilden hier eine der imposantesten Schluchten der Schweizer Alpen: etwa 1,5 Kilometer lang und bis 200 Meter tief, mit senkrechten Felsen links und rechts. Ein kühn trassierter Steig führt durch die Klamm, die an ihrer engsten Stelle gerade ein paar Meter breit ist.

Tips für unterwegs

Angesichts der Vielzahl lohnender Abstecher abseits der Reiseroute empfiehlt es sich auf jeden Fall, zumindest im Berner Oberland oder im Wallis einen längeren Aufenthalt einzuplanen: So bleibt genug Zeit für eine Dampferfahrt auf dem Brienzer See, einen Ausflug nach Kandersteg und zum Oeschinensee oder hinauf zum Niesen, vielleicht sogar für die einzigartige Höhenwanderung von der Schynigen Platte über das Faulhorn nach First. Und dann locken die Seitentäler des Wallis, man möchte das romantische Val d'Anniviers erkunden, zu den Erdpyramiden von Euseigne fahren und hinauf zur größten Staumauer der Alpen, jener von Grande Dixence, oder das urtümliche Lötschental mit seinen malerischen Bergdörfern besuchen. Und natürlich Saas Fee, vor allem aber Zermatt, schon allein des Matterhorns wegen! Und ist man schon einmal hin-

DIE WICHTIGSTEN BERGE UND PÄSSE	
Finsteraarhorn	4274 m
Eiger	3970 m
Mönch	4099 m
Jungfrau	4158 m
Jungfraujoch	3475 m
Faulhorn	2681 m
Matterhorn	4478 m
Monte Rosa	4634 m
Simplonpaß	2005 m
Furkapaß	2431 m
St. Gotthardpaß	2105 m
Sustenpaß	2224 m
Pilatus	2129 m
Rigi	1797 m

Winterfreuden in Mürren.

Über die Serpentinen der Furkastraße geht es hinunter ins breite Urserental.

ten im Mattertal, wäre es unverzeihlich, bei schönem Wetter den Abstecher zum Gornergrat auszulassen. Der Blick auf den Eisstrom des Gornergletschers und die Viertausender rundum ist schlicht überwältigend. Im Goms bietet sich als Alternative zur Furkastrecke die Fahrt über den Nufenenpaß ins Tessiner Bedrettotal und weiter über den St. Gotthard nach Andermatt an. Und in Luzern kann man eine Rundfahrt um den Vierwaldstätter See anhängen, vielleicht mit einem Abstecher auf die Rigi.

SOUVENIRS

Die Schweiz ist reich an Spezialitäten, die sich hervorragend als Mitbringsel eignen: Nicht nur vom Bündner Fleisch schwärmen die Feinschmecker, sondern auch von der feinen Schokolade. Engadiner Nußtorte und Basler Leckerli (Lebkuchen) sind weltberühmt; und neben Zuger Kirschwasser sollte man den Bündner Kräuterlikör, den »Chrüter«, probieren.

Immer wichtig zur Orientierung: eine gute Straßen- oder Wanderkarte.

STREITBARE DAMEN: DIE ERINGER KÜHE

Stierkämpfe kennt man im Wallis nicht, obwohl das manchen braven Zürcher gar nicht so verwundern würde, sagt man den Wallisern doch ein ziemlich unschweizerisches Temperament und einen Hang zu subversivem Verhalten nach; immerhin ist ihr (natürlich nicht offizieller) Landesheiliger ein Anarchist und Falschmünzer namens Farinet. Durch rechte Dickschädligkeit und ein lebhaftes Temperament zeichnen sich auch die Eringer Kühe aus – eine Walliser Rasse

aus dem Val d'Hérens, zu deutsch Eringertal. Ihr Temperament beweisen die Rindviecher jedes Jahr bei den im Unterwallis sehr populären Kuhkämpfen, die im Mai und im Juni an vielen Orten stattfinden.
Die verlaufen aber in aller Regel ganz unblutig, wird hier doch mit gleichlangen Spießen (Schädel, Hörner) gekämpft. Und die »Damen« steigen auch bloß in den Ring, wenn ihnen danach ist; ganz ladylike verzichten sie schließlich darauf, einer besiegten Rivalin nachzusetzen oder sie gar zu verletzen.

Renommierter Sommer- und Winterferienort im Berner Oberland: Gstaad.

Einst in den Alpen fast ausgerottet, ist der Steinbock nun auch in den Bergen Savoyens wieder heimisch: Jungtiere im Chablais.

Von Genf in die Berge Savoyens

ROUTE 7

Eine Runde ganz im Bann des höchsten Alpengipfels, aber auch eine Fahrt starker Gegensätze: Da sind die Voralpenseen von Genf, Annecy und Bourget, die Kalkgipfel des Chablais, des Aravis und der Bauges – und dann die eisige Gletscherwelt um das »Dach Europas«.

ROUTE 7

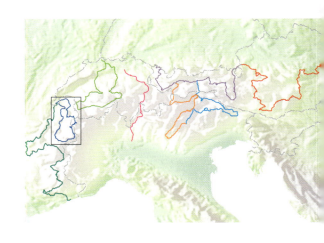

Über Frankreichs Alpenhochpässe

Hinter dem Montblanc liegt unbekanntes Land für den klassischen Alpenwanderer. Daher ist eine Fahrt ins Savoyische für die meisten eine Entdeckungsreise, spannend und reich an faszinierenden Eindrücken. Wer glaubte, am Montblanc endeten die Alpen, sieht sich eines Besseren belehrt.
Der Süden ist zwar schon nahe, doch über den Weinbergen gleißen Drei- und Viertausender.

An Weltläufigkeit mangelt es der Stadt am äußersten westlichen Ende des Genfer Sees gewiß nicht; neben dem europäischen Sitz der UNO im Palais des Nations beherbergt *Genf* zahlreiche weitere internationale Organisationen. Jeder Dritte hier hat keinen Schweizer Paß, und werktags kommen zusätzlich Tausende aus der französischen Nachbarschaft zur Arbeit. An den Wochenenden sind dann viele Autos mit GE-Nummernschildern zwischen dem Mont Salève und der Vallée Blanche, am Südufer des Genfer Sees sowie in Annecy anzutreffen. Denn das alpine Hinterland Genfs liegt eben in der französischen Haute-Savoie, auch der Mont Salève, sein »Hausberg«, und natürlich auch die Montblanc-Kette, deren hohe Firndome sich gegen Abend bei schönem Wetter im Südosten der Rhonestadt, über dem Arvetal, zeigen. So ist es also kein Zufall, daß die Erstbesteigung des Montblanc 1786 von einem Genfer Bürger initiiert wurde, dem Naturforscher Horace-Bénédict de Saussure.

Wem da nicht das Wasser im Mund zusammenläuft! Köstlichkeiten aus den Bergen Savoyens: verschiedene Wurstarten, Wein und Spezereien.

Mondäne Bäder. Genf hat nicht nur ein bergiges Hinterland, zur Rhonestadt gehört auch ihr See, mit 582 Quadratkilometern der größte im gesamten Alpenraum. An seinem französischen Südufer liegen zwei frequentierte Ferien- und Kurorte: *Thonon-les-Bains*, der historische Hauptort des Chablais mit dem sehenswerten Schloß Ripaille, und das sehr mondäne Evian-les-Bains. Hier wird nicht nur gekurt, sondern auch gespielt: Unter der großen, in byzantinischem Stil gehaltenen Kuppel des Casinos heißt es täglich: »Rien ne va plus!« Die Straße folgt bis Vésenaz dem Südufer des Sees, dann geht es landeinwärts, über die französische Grenze bei Douvaine weiter nach Thonon-les-Bains.

Die Fahrt durchs Chablais bildet den Auftakt zur großen Savoyen-Tour, entweder ab Thonon durch das Dransetal oder von Evian über den 1237 Meter hohen Col du Corbier. Die hohen Berge rücken auf der *Route des Grandes Alpes* allmählich näher. Im Süden taucht gleich hinter dem Col des Gets der langgestreckte Felskamm der Chaîne des Aravis auf, und von Taninges lohnt sich ein Abstecher nach Osten via Samoëns in den gewaltigen Talschluß des Giffre, den eindrucksvollen Felskessel *Cirque du Fer à Cheval*. Im Tal der Arve, auf die man bei Cluses stößt, kommen dann die vom ewigen Schnee verhüllten Gipfel des *Montblanc-Massivs* ins Bild. Bei Sallanches gibt es zwei gute Gründe für einen kleinen »Seitensprung« zum Plateau d'Assy: Da ist einmal der packende Blick auf das »Dach der Alpen«, dann die moderne, 1950 geweihte Kirche von Notre-Dame de Toute Grâce. *St-Gervais-les-Bains*, eines der berühmtesten traditionsreichen Thermalbäder Savoyens, ist ein guter Ausgangspunkt für die Besteigung des Montblanc.

In den Fluten des Stausees am Mont Cenis versank das alte Paßhospiz: Blick auf den Signal du Petit Mont Cenis.

Unentbehrlich bei Hochtouren: feste Bergstiefel und Steigeisen.

ROUTE 7

»Der Morgen dämmerte, noch ehe ich das Dörfchen Chamonix erreicht hatte. Ich aber gönnte mir keine Verschnaufpause, sondern machte mich sogleich auf den Rückweg nach Genf.«

Mary Wollstonecraft Shelley, Frankenstein, 1818

Eisige Aussichten. Um die Mitte des 18. Jahrhunderts kamen die ersten Touristen ins Hochtal der Arve. Mit der Erstbesteigung des Montblanc im Jahr 1786 begann dann die Karriere von *Chamonix* – fast ein Märchen, das aus armen Bauern reiche Hoteliers machte. Seither mußte sich der Berg allerhand gefallen lassen; eine Seilbahnkette schwingt sich über das Massiv – von der fast 4000 Meter hohen Aiguille du Midi zur Pointe Helbronner –, eine weitere hinauf zum Nid d'Aigle, und in den sechziger Jahren bohrte man einen Straßentunnel durch den Granit. Knapp 12 Kilometer lang, verbindet er Frankreich und Italien, Chamonix mit Courmayeur. Nach dem verheerenden Brandunglück von 1999 war eine Sanierung des *Tunnel du Mont-Blanc* unumgänglich, auch um ihn modernen Sicherheitsstandards anzupassen. Das bescherte Chamonix und seinem Tal eine Verschnaufpause, brachte den ausufernden Güterverkehr am Alpenkamm in die Schlagzeilen und viele Bürgermeister in Frankreich zum Nachdenken: Alternative Eisenbahn?

Längst schon Bahnanschluß haben Chamonix' schönste Aussichtspunkte: Hinauf zum Brévent auf der anderen Seite des Arvetals schwebt man mühelos am Drahtseil, und ein altehrwürdiges Schienenbähnchen ruckelt an der Zahnstange zum Logenplatz über der Zunge des Mer de Glace, dem Montenvers. Goethe, der auf seiner Schweizer Reise 1779 in Chamonix Station machte, mußte natürlich noch zu Fuß hinaufwandern, um das faszinierende Spektakel des größten Eisstroms im Montblanc-Massiv zu erleben.

Auch das Vieh benützt die Straße in der obersten Maurienne (oben). – **Die Silberdistel blüht erst im Herbst** (unten).

Rund 140 Meter hoch schießt das Wasser des Jet d'eau von Genf.

Dem *Mer de Glace* haben in den letzten Jahrzehnten die milden Temperaturen stark zugesetzt; noch dramatischer ist der Rückgang des Eises auf der italienischen Südflanke des Massivs, gut zu beobachten an den Gletschern von Miage und Brenva. Courmayeur ist hier touristisches Zentrum, und die beiden Täler von Veny und Ferret sind beliebte Ausflugsziele.

Die Jupiterstatue. In *Pré-Saint-Didier* beginnt die kurvenreiche Anfahrt zum Kleinen St. Bernhard, dem Col du Petit Saint Bernard mit 2188 Meter Höhe. Bis La Thuile gibt es auch eine lohnende Alternativstrecke, die ein Stück weiter talabwärts in Morgex beginnt und den Colle San Carlo überquert. Von dem kleinen

Ausgedehnte Waldpartien prägen die Mittelgebirgslagen der Savoyer Berge, hier bei Tamié.

Wiesensattel spaziert man in knapp einer halben Stunde zur gut 2000 Meter hohen Tête d'Arpy – und zum schönsten Montblanc-Blick weit und breit!

Alles dreht sich ums Auto beim berühmten, alljährlich stattfindenden Salon von Genf.

Der *Kleine St. Bernhard* ist Wasserscheide zwischen dem Aostatal und der Tarentaise. Eine Jupiterstatue erinnert an die lange Geschichte des Passes, der schon in vorrömischer Zeit begangen wurde. Seinen Namen verdankt er übrigens dem heiligen Bernhard von Aosta, der hier, ebenso wie am Großen St. Bernhard, im 11. Jahrhundert ein Hospiz gründete.
Die Talfahrt auf den weiten Schleifen der Trasse aus napoleonischer Zeit bietet freie Sicht in die Tarentaise, heute weit-

SKI TOTAL

Der Schnee stiebt, ein blauer Himmel spannt sich über weißen Gipfeln, Lifte surren, in der Berghütte knistert ein Feuer, und auf dem Tisch köchelt das Käsefondue. Winter in den Trois Vallées – Ski total.
Was wie der Traum eines jeden Winterurlaubers klingt, hat aber auch eine Kehrseite. Wer sich im Sommer nach Courchevel oder Val Thorens südlich von Albertville verirrt, entdeckt Appartementsilos, Chaletsiedlungen, plattgewalzte Hänge, überall Liftmasten und riesige Parkplätze. Wen wundert's? Das größte Skirevier der Alpen umfaßt 250 Quadratkilometer; es ist bestückt mit zweihundert Seilbahnen und Liften, die stündlich Zigtausende bergwärts befördern können. Und alle Gäste reisen an und ab, wollen verpflegt werden und brauchen ein Dach über dem Kopf, manche auch noch Diskobeschallung in der Nacht. Und die Natur? Ist sie da nicht längst zur Staffage, zur Kulisse geworden, genutzt, benutzt und verschmutzt von den Massen? Alpenpark Disneyland.

Mitten in Chamonix (oben) erinnert ein Denkmal an die Erstbesteigung des Montblanc im Jahr 1786 (unten).

Neben dem Montblanc nur ein unbedeutender Zacken, aber ein grandioser Aussichtspunkt: der Seilbahnberg Aiguille du Midi.

ROUTE 7

Thonon-les-Bains, ein beliebter Ferienort am Südufer des Genfer Sees (oben). – Eines der schönsten Wandergebiete Savoyens ist der Nationalpark de la Vanoise (rechts).

Die französischen Weine sind weltberühmt, ebenso die exquisite Küche des Landes: ein Gläschen Rotwein unter Freunden (oben); frischer Apfelkuchen, eine Spezialität der Haute-Savoie (unten).

räumiges Zentrum des Savoyer Wintertourismus mit zahlreichen Retortenstationen und viel zerstörter Natur. Bei Séez stößt man wieder auf die Route des Grandes Alpes, die im großen Bogen um das Naturschutzgebiet des Vanoise-Massivs herumführt, vorbei am Lac du Chevril. Neben den futuristischen Bettenburgen von Les Arcs und Tignes wirkt *Val d'Isère*, mit 1840 Metern der höchstgelegene Ort an der Isère, leicht altbacken, geradezu heimelig jedenfalls. Hier hat das Skilaufen eine lange Tradition; immerhin gewann Jean-Claude Killy, der berühmteste Sohn des Tals, schon 1968 in Grenoble vierfach olympisches Gold.

Zum Schutz der Monarchie. Am *Col de l'Iseran*, dem mit 2764 Metern höchsten Straßenpaß der Alpen, überquert die Route des Grandes Alpes die Wasserscheide zum Arc-Tal, der sogenannten *Maurienne*: mächtige, teilweise vergletscherte Berge hüben wie drüben. Doch in

Bonneval und *Bessans*, den beiden obersten Dörfern am Arc, setzt man auf sanften Tourismus. Hier wurden weder Hochhäuser gebaut noch Pistenschneisen geschlagen. Dafür gibt es Familienanschluß, geführte Wanderungen im Parc National de la Vanoise und auf der Alp frische Kuhmilch. Auch *Lanslebourg* am Fuß des Mont Cenis ist idealer Ausgangspunkt für Wanderungen im Nationalpark. Weiter talauswärts zeigt die Maurienne dann ihr weniger idyllisches Gesicht. Hinter dem Flecken *Bramans* fallen mächtige Festungsbauten auf, die 1815 der sardischen Monarchie zum Schutz vor Frankreich dienten. *Modane* war einst wichtige Grenzstation, was man dem Städtchen noch deutlich ansieht. Doch

heute kontrolliert niemand mehr die 40-Tonner, die über dem Ort im Berg verschwinden, auf dem Weg in die Piemonteser Industrieregion Turin, und der Putz blättert schon von so manchem Gebäude.

Berühmteste Kurven der Westalpen. Auch St-Michel-de-Maurienne hat schon bessere Zeiten gesehen. Doch das stört jene Zweiradler überhaupt nicht, die hier nach Süden abbiegen, zum *Col du Galibier*. Dieser Alpenpaß ist im radsportverrückten Frankreich ein Mythos; auf der 35 Kilometer langen Bergstrecke, die an ihrem höchsten Punkt 2645 Meter erreicht, wurde die Tour de France schon mehrfach entschieden, hier gab es ergreifende Szenen von Sieg und Nieder-

lage. Oben am Paß erinnert ein Denkmal an Henri Desgranges, der die »Grande Boucle« 1903 ins Leben rief.

Prächtige Ausblicke. Der Hauptort des Arctals ist *St-Jean-de-Maurienne*, ein lebhaftes Städtchen, von der im 19. Jahrhundert angesiedelten Industrie stark geprägt. An seine historische Bedeutung als ehemaliger Bischofssitz erinnert die stattliche Kathedrale St-Jean-Baptiste, im Kern ein Bau aus dem 11. Jahrhundert, der allerdings später mehrfach dem jeweiligen Zeitgeschmack angepaßt wurde. Von St-Jean aus erreicht man auf der Autobahn in weniger als einer Stunde Albertville. Es lohnt sich jedoch, den viel kurvenreicheren Weg über La Chambre, Longchamp und den Col de la Madeleine zu nehmen, denn die Bergstrecke vermittelt bemerkenswerte Ausblicke zur Chaîne de Belledonne und nördlich bis zum weißen Dom des Montblanc.
Der kleine Ferienort *Celliers*, im Tal des Eau Rousse gelegen, und Cevins am Fuß des 2482 Meter hohen Grand Arc sind die nächsten Stationen Richtung *Albertville*. Die Stadt empfängt ihre Besucher mit breiten Straßen, mit viel Beton und Glas – und natürlich ihren olympischen Ringen. Immerhin war Albertville 1992 Ausrichterin der Winterspiele; geblieben ist davon außer dem Eisstadion (und einem großen Loch in der öffentlichen Kasse) allerdings nicht viel. Gegründet wurde das moderne Albertville 1835 vom sardischen König Charles-Albert von Savoyen durch die Vereinigung zweier Dörfer. L'Hôpital, im flachen Talboden gelegen, gehörte die

Bergquellen erfrischen (oben), auch am Lac du Chevril (großes Bild). – Alpenmohn (Mitte) und Leinkraut (unten).

Der heilige Bernhard von Menthon am Col du Petit Saint Bernard.

Fortsetzung Seite 148

ROUTE 7
– Der höchste Berg Europas –

Abenteuer am Montblanc

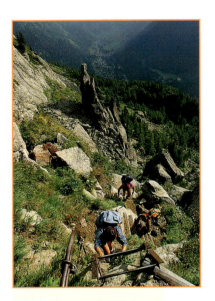

Seine Majestät, der Montblanc, die Spitze der Alpen: 4807 Meter hoch ragt er in den Himmel, höher als jeder andere Gipfel zwischen Wienerwald und Riviera. Das zieht die Bergsteiger an wie das Licht die Motten. Da muß man einfach hinauf, und der Normalweg über den Dôme du Goûter gilt bei guten Verhältnissen nach hochalpinen Maßstäben nicht einmal als besonders schwierig. Entsprechend groß ist der Andrang, in den Hütten herrscht im Sommer oft ein ordentliches Gewusel, und oben gibt's bei schönem Wetter auch keine Einsamkeit.

Doch manchen war (und ist) der Gipfel allein noch zu wenig: zerklüftete Granitgrate, furchterregend steile Eiswände –

Hütten und Wege am Montblanc: gesicherter Anstieg zum Glacier d'Argentière (oben), Abendlicht über dem »Dach Europas« (Mitte), gemütliche Rast im Refuge des Mottets (unten), Blick auf den Trientgletscher (rundes Bild).

seit Generationen schon Herausforderungen für die Spitzenalpinisten ihrer Zeit. Bereits 1877 kamen J. Eccles, M. Clément und A. Payot vom Col Eccles und über den Peutereygrat zum Gipfel; eine vollständige Begehung des wild zerklüfteten Felskamms glückte allerdings erst 1934 drei deutschen Bergsteigern. Walter Bonatti, der wohl berühmteste italienische Alpinist, sorgte 1951 für eine Sensation, als er im Montblanc-Massiv die gut 300 Meter hohe Ostwand des Grand Capucin durchstieg. Vier Jahre später bezwang er im Alleingang den Petit-Dru-Pfeiler, nach ihm Bonatti-Pfeiler benannt – eine Tour von allerhöchster Schwierigkeit.

Doch wie hatte alles angefangen? Im Jahr 1760 – Frankreich stöhnte unter der Verschwendungssucht Louis' XV. – setzte ein Genfer Student aus begütertem Haus, der damals gerade zwanzigjährige Horace-Bénédict de Saussure, eine hohe Prämie aus für die Erstbesteigung des Montblanc – was für eine Herausforderung! Von der Calvinstadt aus kann man den weißen Himmelsthron leicht ausmachen. Doch bestiegen hatte ihn

Wandern um den Montblanc (oben): Trientgletscher vom Fenêtre d'Arpette aus (großes Bild), kurze Rast (unten).

T.M.B. – RUND UMS MONTBLANC-MASSIV

Trekking ist groß in Mode. Da kommt Fernweh auf, da denkt man an exotische Abenteuer. Doch Trekking, vor einer grandiosen Eis- und Felskulisse von Hütte zu Hütte wandern, ist auch in den Alpen möglich, etwa am Montblanc. Das Kürzel T.M.B. – auf Wegzeigern und mit Farbe auf Steine gepinselt – steht für eine Zehn-Tage-Tour, die in

den Alpen ihresgleichen sucht: rund um das Montblanc-Massiv, von Les Houches bei Chamonix über den Col de la Seigne ins italienische Val Veny, dann hinauf zum Col Ferret ins Wallis und über den Col de Balme zurück ins Savoyische, mit dem letzten Highlight am Brévent. Die Tour vermittelt einmalige Hochgebirgsbilder, verlangt aber auch eine ordentliche Kondition.

noch niemand, nicht einmal den Versuch unternommen. Die Bergbewohner guckten mißtrauisch auf die hohen Gipfel, denn die schickten im Winter Lawinen, nach Regenfällen Muren ins Tal und waren eine stete Bedrohung für sie.
War's das Geld, die Aussicht auf die große Belohnung? Am 7. August 1786 jedenfalls versuchten Dr. Michel Paccard und Jacques Balmat, der Dorfarzt aus Chamonix und ein Bauernjunge, das Unvorstellbare. Sie waren ausgerüstet wie die Gamsjäger ihrer Zeit, hatten für den Gletscher eiserne Sporen an den genagelten Schuhen und eine lange Alpenstange dabei, Decken fürs Biwak, natürlich Brot, Fleisch und etwas hochprozentige Motivationshilfe, dazu Papier, Tinte und Feder. Und sie erreichten den Gipfel – Balmat wollte unterwegs zwar aufgeben, doch Paccard zwang ihn zum Weitergehen, und spät am Tag, gegen halb sieben, standen sie dann oben, auf dem »Dach Europas«.
Das wußten die beiden aber gar nicht, denn erst später, anläßlich der zweiten Besteigung durch Saussure und 18 Begleiter, wurde die Höhe des Montblanc genau vermessen. »Ich glaubte meinen Augen nicht«, berichtete der Naturforscher, »es schien mir wie ein Traum, als ich zu meinen Füßen all die majestätischen Berge sah, deren unterste Teile schon so schwer und so gefahrvoll zu betreten waren.«
Abenteuer Alpen.

Der Traum ganzer Generationen von Bergsteigern: einmal auf dem Gipfel des Montblanc zu stehen. Bei schönem Wetter ist man hier allerdings selten allein…

ROUTE 7

Das Kunstschnitzerhandwerk wird noch gepflegt wie in alten Zeiten.

Eine der höchsten Straßen der Alpen führt über den Col de l'Iseran; sie verbindet die großen savoyischen Täler der Tarentaise und der Maurienne. Der Paß ist zugleich höchster Punkt der berühmten Route des Grandes Alpes (oben und unten).

Zukunft, Conflans, malerisch auf einem Bergrücken über dem Zusammenfluß von Isère und Arly gelegen, wurde ganz allmählich zum Geisterstädtchen. Erst nach dem Zweiten Weltkrieg kam in die alten Mauern wieder Leben. Der Mittelpunkt des Orts ist die Grande Place mit der Maison Rouge, die ein Museum beherbergt. Zwei Tortürme, die Porte Savoie und die Porte Tarine, bewachen den Zugang.

Pässe und Gipfel: les Aravis. Der Zugang zu den Ortschaften am Oberlauf des Arly verläuft bei *Ugine*, das eine hübsche Altstadt besitzt, durch eine wilde, düstere Waldschlucht, die Gorges de l'Arly. In Flumet zweigt links die Straße über den fast 1500 Meter hohen *Col des Aravis* ab. Sie überquert das langgestreckte Massiv der Chaîne des Aravis an ihrem tiefsten Einschnitt. La Clusaz, am Nordfuß des Passes gelegen, ist ein beliebter Ferienort, keine Autostunde von Genf entfernt. Um ein paar Kilometer weiter ist die Alternativstrecke über *Le Grand-Bornand* und den 1618 Meter hohen *Col de la Colombière*; die kurvenreiche Talfahrt zur Arve bietet nicht nur eine bemerkenswerte Aussicht auf die Bergketten des Chablais, sondern auch die Gelegenheit, beim 1151 gegründeten, ehemaligen Kartäuserklösterchen von Le Reposoir eine kleine Rast einzulegen.

Zur Calvinstadt. Am Unterlauf der Arve liegt *Bonneville*, eine Gründung Peters von Savoyen aus dem 13. Jahrhundert. Dominiert wird das Ortsbild von den bei-

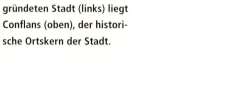

Albertville, am Zusammenfluß von Isère und Arly gelegen (großes Bild), war 1992 Austragungsort der Olympischen Winterspiele. Über dem Zentrum der im Jahr 1835 gegründeten Stadt (links) liegt Conflans (oben), der historische Ortskern der Stadt.

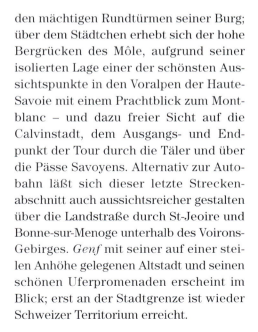

den mächtigen Rundtürmen seiner Burg; über dem Städtchen erhebt sich der hohe Bergrücken des Môle, aufgrund seiner isolierten Lage einer der schönsten Aussichtspunkte in den Voralpen der Haute-Savoie mit einem Prachtblick zum Montblanc – und dazu freier Sicht auf die Calvinstadt, dem Ausgangs- und Endpunkt der Tour durch die Täler und über die Pässe Savoyens. Alternativ zur Autobahn läßt sich dieser letzte Streckenabschnitt auch aussichtsreicher gestalten über die Landstraße durch St-Jeoire und Bonne-sur-Menoge unterhalb des Voirons-Gebirges. *Genf* mit seiner auf einer steilen Anhöhe gelegenen Altstadt und seinen schönen Uferpromenaden erscheint im Blick; erst an der Stadtgrenze ist wieder Schweizer Territorium erreicht.

Sport – Kultur – Natur: »Biker willkommen« bei Sallanches (oben). – Klassisches unter freiem Himmel gibt es in Yvoire am Genfer See (unten).

ROUTE 7

Planen und erleben...

Die Highlights

GENF
Ein schöner Bau von calvinistischer Schlichtheit ist die Kathedrale Saint-Pierre im Zentrum der Altstadt. Um sie herum liegen malerische Gassen mit sehenswerten historischen Häusern, etwa der Maison Tavel, dem ältesten Genfer Privathaus aus dem Jahr 1303.
Einen hübschen Spaziergang verspricht die Promenade des Bastions mit der klassizistischen Universität, die südwestlich unterhalb der Altstadt liegt.

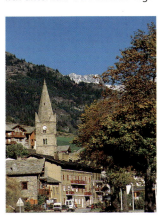

Traditionelle Tracht in Bessans.

↓	ENTFERNUNGEN	↑
km	**Genf**	553
	99 km	
99	**Taninges**	454
	58 km	
157	**Chamonix**	396
	124 km	
281	**Col de l'Iseran**	272
	87 km	
368	**St-Jean-de-Maurienne**	185
	74 km	
442	**Albertville**	111
	111 km	
553	**Genf**	km

Am Fuß der Mont-Cenis-Paßstraße liegt Lanslebourg.

SCHLOSS RIPAILLE
Geschichtsträchtige Mauern stehen bei Thonon am Genfer See: Château Ripaille, vom Savoyer Herzog Amédée VIII.

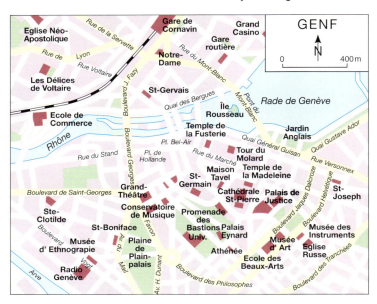

Die oberste Maurienne umrahmt ein Kranz von Dreitausendern.

erbaut. Malerisch zwischen Weinbergen gelegen, ist es mit seinen Rundtürmen eine typisch savoyische Anlage und mehr Repräsentations- als Wehrbau.

NOTRE-DAME DE TOUTE GRÂCE
Rund um den Montblanc hat die Natur die großartigsten »Kathedralen« erbaut. Während der Fahrt von Sallanches hinauf zum Plateau von Assy entfaltet sich die monumentale Kulisse aus Fels und Eis aufs Schönste; hinter dem Kegel des Prarion ragt der Montblanc in den Himmel. Da paßt der aus grob behauenem Granit gefügte hohe Turm der Kirche Notre-Dame de Toute Grâce gut ins alpine Bild. An der Ausstattung des Gotteshauses wirkten berühmte Künstler wie Léger, Chagall, Braque und Matisse mit. Der Einweihung 1950 folgten heftige Diskussionen; heute provoziert der Bau längst nicht mehr.

LE NID D'AIGLE
Die Bergstation der »Tramway du Montblanc« hockt tatsächlich wie ein Adlerhorst über dem Glacier de Bionnassay. Der Gletscher wird gespeist aus den Firnflanken der Aiguille de Bionnassay und des Dôme du Goûter. Über den »Dom« geht der Weg zum Montblanc. Dabei übernachtet man auf dem Refuge de l'Aiguille du Goûter und geht anderntags den Gipfel an. Die Talstation der »Tramway« ist in St-Gervais-les-Bains.

PARC NATIONAL DE LA VANOISE
Der 560 Quadratkilometer große Naturpark erstreckt sich von der italienischen Grenze südwestlich bis in die Gegend von Modane; er umfaßt im wesentlichen den hochalpinen Bereich des Massif de la Vanoise. Günstigste Ausgangspunkte für Touren sind in der Tarentaise die Orte Pralognan, Peisey-Nan-

Stilvoll tafeln kann man auch unter freiem Himmel.

croix, Tignes und Val d'Isère, in der Maurienne Bonneval, Termignon und Aussois.

Tips für unterwegs

AOSTATAL UND GRAN PARADISO
Natürlich ist auch die Valle d'Aosta für sich schon eine Reise wert; immerhin stehen hier

150

DIE WICHTIGSTEN BERGE UND PÄSSE	
Montblanc	4807 m
Aiguille du Midi	3842 m
Le Brévent	2524 m
Kleiner St. Bernhard (Paß)	2188 m
Gran Paradiso	4061 m
Col de l'Iseran (Paß)	2764 m
Mont Cenis	3538 m
Col du Galibier (Paß)	2645 m
Col de la Madeleine (Paß)	1984 m
Col des Aravis (Paß)	1498 m

besonders hohe Berge: im Norden die Walliser Alpen, im Westen das Montblanc-Massiv und im Süden die Gran-Paradiso-Gruppe der Grajischen Alpen. Das Tal mit seinen tief eingeschnittenen Tälern und hohen Gipfeln ist ein sehr schönes Wanderrevier. Berühmt sind die Steinböcke der Region, einst königliche Jagdobjekte und daher vor den Nachstellungen des gemeinen Volkes geschützt. So rettete gerade die Jagdleidenschaft des »Gran Rey« der Bergziege alpenweit

Alte Festung des Königreichs Savoyen in der Maurienne: Esseillon.

das Überleben. Mittlerweile geht ihre Population als Ergebnis der Wiederansiedlung in die Tausende; da und dort wird sie auch ganz legal bejagt.
Man muß keineswegs auf hohe Berge steigen, um im Aostatal Interessantes zu entdecken. Alte Burgen säumen das Flußtal der Dora Baltea; Aosta, am Südfuß des Großen St. Bernhard gelegen, besitzt noch ein paar bemerkenswerte Zeugnisse aus römischer Zeit. Die Römer waren es auch, die hier einige äußerst aufwendige Bewässerungsanlagen – ähnlich den »Bisses« im benachbarten Wallis – anlegten; ein besonders schönes Beispiel ist das Aquädukt im Val di Cogne.

TUNNEL DU MONT-BLANC
Bis zur Wiedereröffnung des Straßentunnels – voraussichtlich 2001 – muß man zwischen Chamonix und Courmayeur auf Alternativstrecken ausweichen. Eine Route führt südlich über Megève und den Paß Cormet de Roselend nach Bourg-St-Maurice; lohnender ist die Schleife übers Unterwallis: Von Chamonix über den Col des Montets,

Auch in Savoyen weiß man Fondue und Raclette zu schätzen.

den Col de la Forclaz, Martigny, den Großen St. Bernhard und Aosta nach Pré-St-Didier sind es 160 Kilometer.

ALLES KÄSE?
Darüber, ob das Fondue in der Schweiz oder im Savoyischen »erfunden« wurde, kann man streiten. Daß der Tomme mit seiner dicken, pelzigen Rinde ein Lieblingskäse der Savoyarden ist, läßt sich jedoch schwerlich bestreiten. Als erstklassiger Hartkäse gilt der Beaufort aus dem gleichnamigen Tal; er hat jedoch im Gegensatz zum Emmentaler, der ähnlich schmeckt, praktisch keine Löcher. Weit über die Landesgrenzen hinaus bekannt ist der würzige Reblochon aus dem Aravis; als regionale Spezialitäten gelten der Vacherin aus Abondance und der Chevrotin des Bauges.

SOUVENIRS
Rund um den Genfer See gedeihen vorzügliche Weine, auch im kleinen Kanton Genf, der – wer weiß das schon? – zu den größten Weißweinproduzenten der Schweiz zählt. Es muß ja nicht immer ein Fendant sein! Natürlich bietet auch Savoyen manch feinen Tropfen: Trockensüffige Weißweine sind der Crépy und der Seyssel, gute Rote der Montmélian, der St-Jean-de-la-Porte und der Cruet. In Savoyen werden auch vorzügliche Schnäpse hergestellt, so etwa der Marc de Savoie.

Ein guter Name unter Weinkennern: St-Saphorin am Genfer See.

Übergang vom Aostatal in die Tarentaise: der Kleine St. Bernhard.

Der Kurort Courmayeur auf der italienischen Seite des Montblanc-Massivs.

HIGH-MOUNTAINBIKEN ÜBER DEM COL DU MONT CENIS

In Frankreich war das Radeln immer schon populär, lange bevor die ersten Bikes mit ihren dicken Stollenreifen auftauchten. Die eignen sich weniger für schnelle Fahrten im Flachen, sind aber ideal für jene breiten und steinigen Wege, auf die man im französisch-italienischen Grenzgebiet immer wieder stößt: Militärstraßen aus den beiden Weltkriegen, oft kühn angelegt und mitunter in hochalpine Regionen führend.
Ein tolles Revier für gut trainierte Biker sind die

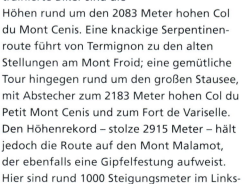

Höhen rund um den 2083 Meter hohen Col du Mont Cenis. Eine knackige Serpentinenroute führt von Termignon zu den alten Stellungen am Mont Froid; eine gemütliche Tour hingegen rund um den großen Stausee, mit Abstecher zum 2183 Meter hohen Col du Petit Mont Cenis und zum Fort de Variselle. Den Höhenrekord – stolze 2915 Meter – hält jedoch die Route auf den Mont Malamot, der ebenfalls eine Gipfelfestung aufweist. Hier sind rund 1000 Steigungsmeter im Links-rechts-Takt der Serpentinen zu bewältigen. High per Bike – im doppelten Sinn!

Der Weg in den Süden, zum Mittelmeer, führt über die Route des Grandes Alpes, hier bei Barcelonnette.

Vom Genfer See zur Côte d'Azur

ROUTE 8

Eine Fahrt voller Überraschungen, spannend vom ersten bis zum letzten Kilometer: Vom tiefblauen Genfer See geht es über steile Pässe und durch wilde Schluchten in die Bergwelt der Provence. Einen grandiosen Abschluß bildet die herrliche Küstenlandschaft des Mittelmeers.

Route 8

Durch den Westen der Alpen

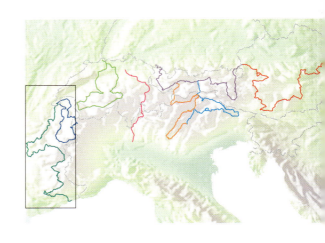

Während am Lac d'Annecy Berge, grüne Wiesen und grauer Fels noch recht innerschweizerisch anmuten, wirkt die Hochprovence bunt und schroff zugleich. Ihr Licht zeichnet scharfe Schatten in eine bizarre Gebirgslandschaft, das Wasser hat sich tief ins Gestein gefressen. Zum Schluß empfängt die französische Riviera den Reisenden mit ihrem azurblauen Glanz.

Das Nordufer des *Genfer Sees* wird seit Jahrhunderten von Dichtern aller Nationen gepriesen. Kurorte wie Montreux und Vevey, aber auch die üppigen Weinhänge dieser Region profitieren von dem milden, mediterranen Klima. Am Südufer des Sees sind die Schlösser Blonay und Ripaille einen Besuch wert. Der Weg von Genf, der meistbesuchten Stadt der Schweiz, hinab an die Riviera gestaltet sich als abwechslungsreiche, wenn auch etwas anspruchsvolle Berg- und Talfahrt. Es empfiehlt sich daher nicht, die Serpentinen dieser Alpenstrecke zu zählen. Bereits der Auftakt über den langen Kalkfelsrücken des *Mont Salève* wartet mit viel Links-rechts auf, bietet aber auch eine herrliche Sicht auf den Genfer See und zum Montblanc. Der 1838 erbaute Pont de la Caille, der die 150 Meter tiefe Schlucht des Usses überspannt, gewährt dann einen packenden Blick in die Tiefe, nicht in die Ferne. *Annecy*, die Hauptstadt des Departement Haute-Savoie, liegt anmutig am Ufer des Lac d'Annecy, überragt von einer stattlichen Burg. Es ist Sitz bedeutender Industrie, unter anderem einer Glockengießerei, in der die berühmte »Savoyarde«, die Glocke der Pariser Kirche Sacré-Coeur, entstand. Bei Annecy beginnt die nächste Kurvenfahrt: auf der *Semnoz-Kammstra-*

Schon die alten Römer wußten die Heilkraft der leicht mineralischen, alkalifreien Schwefeltherme von Aix-les-Bains zu schätzen.

ße über den bewaldeten Rücken des Semnoz bis knapp unter den Gipfel des Crêt de Châtillon, wo eine »table d'orientation« das große Panorama erläutert. Ähnlich faszinierend ist die Rundschau vom Mont Revard, der sich weiter südlich erhebt und ebenfalls eine Höhenstraße besitzt. Er bietet darüber hinaus noch einen packenden Tiefblick auf den größten natürlichen See Frankreichs, den *Lac du Bourget*. An seinem Westufer liegt die im 12. Jahrhundert gegründete Abtei von Hautecombe, ein beliebtes Ausflugsziel, am Fuß des Mont Revard die vornehme Kurstadt *Aix-les-Bains* mit sehenswerten Überresten seiner römischen Thermen und einem Campanusbogen.

Geheimste Rezepte. Römische Spuren finden sich auch in der Umgebung von *Chambéry*, wo antike Karten eine Station an der Straße Mailand–Lyon verzeichnen. Bedeutung erlangte die Stadt allerdings erst, als sie im 13. Jahrhundert zur Residenz der Savoyer Grafen wurde. Ihr Schloß thront über der Altstadt, die zu einem gemütlichen Bummel einlädt.
Mitten in Chambéry beginnt die Berg- und Talfahrt durch das Grande-Chartreuse-Massiv: vier Pässe und – natürlich – jede Menge Kurven. Hierzulande kennt man wohl weniger den (sehr reizvollen) Landstrich als vielmehr den Kräuterlikör gleichen Namens. Wer »Erfinder« des Chartreuse war, ist nicht mehr festzustellen; das Rezept gelangte 1737 in den Besitz des Klosters *Grande Chartreuse*, das Mutterhaus des Kartäuserordens. Die genaue

Die Berge sind hier nur Kulisse, denn der Blick geht übers blaue Meer zum Horizont: Nizza, palmengesäumte Großstadt an der Côte d'Azur.

Stachlig und nahrhaft: die Kastanie, von den Römern in die Südalpen gebracht.

ROUTE 8

Da fällt die Wahl nicht leicht: am Blumenmarkt von Nizza.

Zusammensetzung (130 Kräuter!) und der Herstellungsprozeß sind nach wie vor strengstens gehütetes Geheimnis der Mönche. Seit 1860 wird der Likör allerdings nicht mehr im Kloster, sondern im nahen Voiron hergestellt (Destillerie und Reifekeller können besichtigt werden). Zurück über St-Pierre-de-Chartreuse geht es nun weiter gen Süden.

Zu Besuch bei Gauguin und Picasso. *Grenoble*, die Stadt am Zusammenfluß von Drac und Isère, gilt als ein führendes Hightechzentrum Frankreichs. Innovativ war man hier allerdings schon früher; 1869 errichtete der Ingenieur Aristide Bergès im Graisivaudan das erste Wasserkraftwerk Frankreichs.

Die historische Cité schmiegt sich ans Isèreknie, über dem der stark befestigte Bastille-Hügel aufragt. Ihr Mittelpunkt und stadtbeliebter Treff ist die Place Grenette mit Straßencafés und der Kirche St-André ganz in der Nähe. An der Place Verdun sind einige sehr berühmte Franzosen unter einem Dach versammelt, und zwar bildlich: im Musée des Beaux-Arts, einer der bedeutendsten Sammlungen der klassischen französischen Moderne, mit Werken von Bonnard, Gauguin, Matisse, Monet, Léger, Renoir und Picasso.

Ganz andere Kunst kann man im Vercors entdecken, auf der Fahrt von Grenoble über Sassenage nach Die. Wer die phantastischen Kalkablagerungen – »art naturelle« – besichtigen will, muß allerdings ins Innere des waldreichen Bergmassivs steigen, etwa in die Grottes de la Chorance.

Typisch für die französischen Südalpen sind ihre vielen Schluchten, hier die Combe du Queyras.

Sehenswert sind auch die Schluchten des Vercors, von den Wasserläufen im Lauf von vielen Jahrtausenden aus dem Kalkgestein gewaschen. Unterhalb von Villard-de-Lans führt die Straße in den düsteren Schlund der Gorges de la Bourne und dann hinaus nach Pont-en-Royans; quer durch senkrechte Felsabbrüche verläuft die bereits im Jahr 1896 angelegte *Route de Combe Laval*.

Nadeln am Wegrand. Am *Col de Rousset* gibt es einen Szenenwechsel. Der Scheiteltunnel ist zwar nur gut 600 Meter lang, die Überraschung am Südportal ist dann umso größer beim herrlichen Anblick der lichtüberfluteten, weiten Berglandschaft des Diois. Riecht's da nicht schon ein bißchen nach Lavendel?

Wo die Alpen ins Mittelmeer stürzen: an der Promenade des Anglais in Nizza.

Wenn der Nordwind von den Jurahöhen herabbläst, flitzen bunte Segel über den Genfer See.

»Hinter den Dachflächen stieg der graue See bis zum Fuß der Berge, die leichten rötlichen und blauen Steinchen treiben in der Tiefe, metallisch erglänzt die stahlblaue Seefläche.«

Catherine Colomb, *Tagundnachtgleiche*, 1953

Rast in Le Laus, einem Weiler an der Strecke von Briançon zum Col d'Izoard.

Dreitausender am Col du Lautaret (oben). – Gréoulières ist ein malerisch-verträumtes Bergnest im hügeligen Hinterland von Grasse (unten).

ROUTE 8

Die ist ein bereits stark provenzalisch geprägtes Städtchen mit gallo-römischen Wurzeln, hübsch im Tal der Drôme gelegen. Beim Weindorf Châtillon-en-Diois beginnt der Anstieg zum *Col de Menée*, dem Übergang ins östlich benachbarte Trièves. Auf der anschließenden Talfahrt kommt dann der unglaubliche freistehende Felszacken des Mont Aiguille mit 2087 Meter Höhe in den Blick – eines der »sieben Wunder der Dauphiné«. Bei *La Mure*, einem alten Bergbaustädtchen, kreuzt man jenen Weg, den Napoleon 1815 nach seiner Rückkehr aus der Verbannung nahm und der ihn (jedenfalls für kurze Zeit) zurück an die Macht brachte.

In den westlichen Ausläufern des Ecrins-Massivs überquert eine Straße am *Col*

Wirtschaftlich bedeutendste Stadt der französischen Alpen ist Grenoble (oben und Mitte). – Die Hängebrücke von Caille überspannt die Schlucht des Usses (unten). – Ferienziele: Briançon (rechts), der Col du Lautaret (darunter).

d'Ornon die Wasserscheide zum Talbecken des Luftkurorts Le Bourg-d'Oisans. Hier ist man wieder mitten im Hochgebirge; vom steilen, sonnenseitigen Hang herab grüßen die Chalets von Alpe d'Huez. Die Skistation hat in der Sportwelt Berühmtheit erlangt als Etappenort der Tour de France; da quälen sich die Heroen der Landstraße dann über die endlosen Schleifen der Straße, angefeuert von Zigtausenden von Fans. Der Schweiß rinnt, und die Kraft schwindet – so mancher schon hat an dieser Rampe seine Ambitionen begraben müssen.

Zur höchsten Stadt Europas. Hinauf, noch weiter sogar, wollen auch jene, die mit großem Gepäck in La Bérarde starten: zu den Gletschern und auf die Gipfel im Parc National des Ecrins. Der berühmteste Berg ist hier La Meije. Eine wunder-

bare Aussicht auf die Nordabstürze des stolzen Fast-Viertausenders bietet die Fahrt vom *Barrage du Chambon* via La Grave durchs Tal der Romanche hinauf zum Col du Lautaret. Direkt an der Scheitelhöhe mündet die Galibier-Route; im nahegelegenen Alpenblumengarten kann man im Sommer die herrliche artenreiche Flora der Region bewundern.

Briançon macht einem dann ganz unmißverständlich klar, daß man im Süden der Alpen angekommen ist, endgültig: Die »höchstgelegene Stadt der Alpen«, ja sogar Europas, wirbt mit dreihundert Sonnentagen im Jahr! Da stehen die Chancen ziemlich gut, daß auf der landschaftlich sehr abwechslungsreichen Fahrt über den *Col d'Izoard* schönes Wetter herrscht, sich der festungsgekrönte, 3131 Meter messende Mont Chaberton im Norden dem staunenden Betrachter zeigt und das obligate Foto der bizarren Felstürme der Casse Déserte gelingt.

Hochalpine Ausblicke bietet ein Abstecher ins Massiv des Ecrins (Pelvoux-Massiv), das als *Parc National des Ecrins* größtenteils unter Naturschutz steht und mit mächtigen Gletschern und dem 4102 Meter hohen Barre des Ecrins – dem südlichsten Viertausender der Alpen – aufwartet. Einen Eindruck von der grandiosen Landschaft bietet die Fahrt von Argentière-la-Bessée über Vallouise hinauf nach Pré de Madame Carle; noch näher kommt man dem »ewigen Eis« auf dem Weg zum Refuge du Glacier Blanc: Beeindruckend ist, wie sich hier der Fels dunkel vom gleißenden Firn abhebt.

Auch am anmutigen Lac d'Annecy ziehen manchmal Wolken auf (großes Bild). Grenoble, alte Hauptstadt der Dauphiné, wird auch wegen seiner guten Einkaufsmöglichkeiten geschätzt (links).

St-Pierre liegt mitten im Chartreuse-Massiv.

ROUTE 8

Die Straße über den Col d'Allos – die Verbindung von Barcelonnette im Ubaye mit dem Tal des Verdon.

Burgen, Berge und Seen. Viel zu sehen gibt's dann auch im Queyras, das vor allem als lohnendes Wander- und Tourenrevier gilt und vom Guil durchflossen wird. Wer dem Fluß über Abriès und L'Echalp talaufwärts bis zum Straßenende folgt, bekommt einen der schönsten und berühmtesten Berge der südlichen Westalpen zu Gesicht, den Monviso mit 3841 Metern Höhe. Ebenfalls ein beliebtes Fotomotiv ist das *Château Queyras*, ein imposantes Schloß aus dem 13. Jahrhundert über dem gleichnamigen Flekken; St-Véran liegt auf 2040 Metern und gehört zu den höchstgelegenen Siedlungen im gesamten Alpenraum. Noch höher hinauf führt eine Paßstraße, die am 2744 Meter hohen Col Agnel den Alpenhauptkamm zum italienischen Valle Varaita überquert. Von der Scheitelhöhe genießt man herrliche Ausblicke auf die Gipfelketten der Cottischen Alpen.

Bei Guillestre verriegelt der von Vauban befestigte Felsen des Mont Dauphin den Talausgang zur Durance. *Embrun*, das römische Ebrodunum, war im Mittelalter Sitz eines Fürstbischofs. Sehenswert ist die aus dem 12. Jahrhundert stammende ehemalige Kathedrale mit der schönen Vorhalle »Le Réal«. Unterhalb des Städtchens wird die Durance zum 30 Quadratkilometer großen *Lac de Serre-Ponçon* aufgestaut. Seine Uferstraßen vermitteln einen guten Eindruck von den französischen Südalpen: farbig, trocken, von der Erosion gezeichnet – fast schon exotisch. Informatives über den See, seine Nutzung (auch als Wasserreservoir für die Landwirtschaft) und den 123 Meter hohen Staudamm vermittelt das Belvédère; am Ostufer fasziniert eine Gruppe bizarrer Erdpyramiden, hier »Demoiselles coiffées« genannt. Ein weiteres Vorkommen dieser eiszeitlichen Hinterlassenschaft

Populär: Trekking mit Pferden (oben). – Kürbiskauf auf dem Markt von Embrun (unten).

findet sich westlich des Lac de Serre-Ponçon, beim Flecken Théus oberhalb von Espinasses. Auf schmaler Straße kann man bergwärts weiterfahren bis zum Mont Colombis, der eine prächtige Aussicht über die Täler und Gipfel rund um die Durance und ihre Zuflüsse bietet.

Schluchten und Gräben. In *Barcelonnette*, dem Hauptort der Talschaft Ubaye und mit ihr bis 1713 dem Herzogtum Savoyen verbunden, beginnt die Steigung zum *Col d'Allos*. Der 2240 Meter hoch gelegene Paß liegt am Westrand des Parc National du Mercantour, der sich östlich bis zur italienischen Grenze erstreckt. Ganz nahe kommt man dem Schutzgebiet nochmals bei der Fahrt über den Col des Champs: Viele Kurven auf teilweise sehr schmaler Straße sind zu bewältigen. Sie enden bei St-Martin-d'Entraunes im Tal des Var, das sich unterhalb von Guillaumes zu den grandiosen *Gorges de Daluis* verengt. Von der kühn trassierten Straße bieten sich faszinierende Tiefblicke in die wilde Klamm, deren auffallend rötliche Färbung der Felsen auf Kupfereinlagerungen im Schiefergestein zurückzuführen ist. Den Ausgang der 10 Kilometer langen Schlucht markiert die »Gardienne des Gorges«, ein Felszacken mit den Umrissen einer Frauengestalt.

Fortsetzung Seite 166

Die Gorges de Daluis gehören zu den größten Schluchten der provenzalischen Alpen. Von der Straße hoch an der Bergflanke geht es oft schwindelerregend hinab in die Tiefe (großes Bild). Bergwald am Col d'Allos im Ubaye (unten).

ROUTE 8 – Die Route des Grandes Alpes –

Im Kurvenkarussell ans Meer

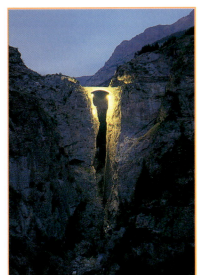

Geboren wurde die Idee vor bald hundert Jahren, zu einer Zeit, als Autofahren ein echtes Abenteuer war, die Straßen mächtig staubten und man den Motor per Kurbel in Gang setzte. 1912. Im schweizerischen Graubünden waren die knatternden und stinkenden Vehikel noch verboten, unter anderem, weil es hieß, »Pferde würden bei ihrem Anblick geradezu rasend wütend«, da probte man in Paris, am Sitz des Touring-Club de France, bereits die automobile Zukunft.

Wege durchs Gebirge: Die Pont du Châtelet überspannt den Ubaye (oben); der Col du Lautaret (Mitte) und der Col d'Izoard (großes Bild) sind bekannte französische Alpenpässe. – In der Daluis-Schlucht (rundes Bild). – Blumenkunst in Thonon-les-Bains (unten).

Eine Touristenstraße sollte entstehen, quer durch die französischen Hochalpen, vom Genfer See bis hinunter zum Mittelmeer, unter Einbeziehung bereits bestehender Strecken: die Route des Grandes Alpes. Ein prestigeträchtiges Projekt, das gut in die politische Landschaft paßte, Aufbruch und Fortschritt signalisierte, Impulse für den Fremdenverkehr gab. Als Ausgangs- bzw. Endpunkte wurden Thonon-les-Bains und Nizza bestimmt; die Route sollte über ein paar kleine Wasserscheiden und sechs große Pässe führen: den Col du Bonhomme zwischen dem Arvetal und der Tarentaise, den Col de l'Iseran als »Dach« der gesamten Route, den Col du Galibier, der die Nord- mit den Südalpen verbindet, weiter über den Col d'Izoard, den Col de Vars und schließlich den Col de la Cayolle, der überleitet vom Ubaye in die Alpes Maritimes. Ganz fertiggestellt wurde die Route des Grandes Alpes nie; als bislang letztes Teilstück konnte 1936 die Straße über den Col de l'Iseran dem Verkehr übergeben werden. Bis heute fehlt das Teilstück zwischen St-Gervais-les-Bains und Bourg-St-Maurice über den Col du Bonhomme. Immerhin *gibt es eine Ausweichstrecke via Megève, den Col des Saisies und den Paß Cormet de Roselend – ordentlich ausgebaut und landschaftlich recht reizvoll.*

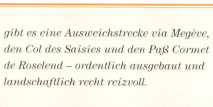

An den Pässen Galibier (oben) und Saisies (unten). – Die elegante Promenade des Anglais in Nizza um 1900 (links unten).

Ein richtiges Abenteuer ist die Fahrt über die Route des Grandes Alpes im Zeitalter von Einspritzmotoren und Servolenkung längst nicht mehr. Die Straßen sind breiter und besser geworden, natürlich überall asphaltiert, und in jedem Ort kann man problemlos »sans plomb« tanken. Immerhin, der Rahmen ist geblieben, diese unvergleichliche Hochgebirgslandschaft, auch wenn sie da und dort ein paar Kratzer abbekommen hat. So bietet die Fahrt auf diesem Straßenklassiker auf jeden Fall ein einmaliges, bei gutem Wetter gewiß unvergeßliches Erlebnis. Nur schade, daß die Bezeichnung N 202 für die Route des Grandes Alpes – zusammen mit den schönen alten Kilometersteinen – verschwunden ist.

TOUR DE FRANCE

Jeden Sommer bricht in Frankreich ein besonderes Fieber aus: die »Tour« beginnt, das größte Sportereignis des Jahres, ein Mega-Event, wie man heute sagt: fast 4000 Kilometer kreuz und quer durchs Land, mit viel Auf und Ab in den Pyrenäen und in den Alpen. Wer nach drei strapaziösen Wochen auf den Champs-Elysées als Sieger einfährt, ist der Größte unter den Radprofis, für ein Jahr zumindest. Erstmals ausgetragen wurde die Tour im Jahr 1903; die Siegerliste ist ein »Who's who« der Radsportgeschichte mit Namen wie Fausto Coppi, Louison Bobet, Jacques Anquetil, Eddy Merckx, Bernard Hinault und Miguel Indurain. Am Col du Galibier erinnert eine Büste an den »Erfinder« der Tour, an Henri Desgranges.

Im Tal des Verdon, am Fuß eines markanten Felsens, liegt das Städtchen Castellane.

Route 8

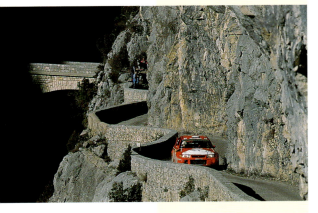

Der Grand Prix von Monte Carlo lockt Jahr für Jahr Tausende von Besuchern ins gebirgige Hinterland von Nizza.

Provenzalische Ansichten: Castellane (oben), eine Kapelle bei Le Valderoure (unten) und das Bergdorf St-Paul-de-Vence bei Nizza (großes Bild).

Viele tiefe und wilde Gräben gibt es in der Haute-Provence und den Seealpen, den Alpes Maritimes – wie zum Beispiel die Cians-Schluchten, die fast noch spektakulärer sind als die Gorges de Daluis. In den Gorges du Cians verläuft die Straße unmittelbar neben dem Fluß, was eine ganz besondere Perspektive ergibt. In der oberen Klamm, den Gorges Supérieures, sind die senkrechten Felsen an einigen Stellen nur wenige Meter voneinander entfernt. Von Guillaumes kommt man dann über die kleinen Ferienorte Valberg und Beuil ins Tal des Cians.

Am Verdon liegt der Flecken *Castellane*. Hier kreuzt die Route Napoléon, eine landschaftlich recht abwechslungsreiche Voralpenroute. Wahrzeichen des winzigen Städtchens ist der fast 200 Meter hohe Felsen, gekrönt von der Kapelle Notre-Dame du Roc, sein touristischer »Motor« liegt weiter flußabwärts: der *Grand Canyon du Verdon*, die größte Schlucht der gesamten Alpen. Die gut ausgebauten Aussichtsstraßen bieten schwindelerregende Tiefblicke auf das grüne Wasser des Verdon, und wer seine Wanderschuhe dabei hat, kann sogar einen Abstecher in den Schluchtgrund unternehmen.

Auf der Route Napoléon. Die berühmte Côte d'Azur ist hier nicht mehr weit, die großen Berge der Haute-Provence sind nur mehr ferne Kulisse. Ein Trio kleiner Pässe an der Route Napoléon noch – Col de Valferrière, Pas de la Faye und Col du Pilon –, dann geht's über Schleifen hinab in die »Stadt der Düfte«, nach *Grasse*, 30 Kilometer von der Promenade des Anglais in Nizza entfernt. Doch der direkte Weg ist – wie meistens – der langweiligere; weit mehr Interessantes bietet die Fahrt durch die wildromantischen

Gorges du Loup, die »Wolfsschluchten«, nach Vence. Das malerische alte Städtchen liegt auf einem kleinen Bergrücken, umgeben von stilvollen Villen und Gärten; es hat, wie auch *St-Paul-de-Vence*, von jeher Künstler, Maler' vor allem, angezogen. Eine große Werkschau der klassischen Moderne präsentiert das Kunstzentrum Fondation Maeght oberhalb von St-Paul: Skulpturen, unter anderem von Miró und Giacometti, Gemälde von Braque, Kandinsky, Chagall, Matisse und Léger.

Und schließlich geht es hinab zur Baie des Anges, ins lebhafte Großstadtgewühl von *Nizza*. Auf der palmenbestandenen Promenade des Anglais herrscht, wie auch auf dem Blumenmarkt in der Altstadt, buntes Treiben, und der Schloßberg bietet ein schönes Panorama.

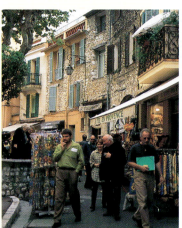

An seinem Oberlauf wird der Verdon mehrmals aufgestaut, hier zum Lac de Castillon (oben). – Das mittelalterliche Städtchen Vence (unten).

Die traditionellen Wochenmärkte wie etwa in Nizza (oben und links) prägen das Bild Frankreichs.

ROUTE 8

Planen und erleben...

Die Highlights

GENFER SEE
Sein französisches Ufer ist nur dünn besiedelt, die Schweizer Seite bildet mit ihren sonnigen Weinhängen ein beliebtes Urlaubsziel. Schon Lord Byron rühmte die malerische Schönheit des Genfer Sees; die mondänen Städte Montreux, Genf und Lausanne werden heute von Touristen aus aller Welt besucht.

ANNECY UND SEIN SEE
Auf zweierlei sind die Annéciens besonders stolz: auf die

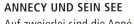

Daß Vence ein Künstlerort ist, belegt diese phantasievoll gestaltete Speisekarte.

Ein mächtiges Schloß krönt die Altstadt von Annecy.

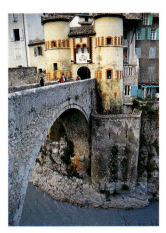

Festungsartig ausgebaut begrüßt Entrevaux seine Gäste noch heute.

schmucke Altstadt und – natürlich! – auf ihren See, der mit seiner Bergkulisse ein wenig an die Schweizer Voralpengewässer erinnert. Dabei wird auch gerne auf die vorzügliche Wasserqualität des Lac d'Annecy hingewiesen (»Lac pur«). Über der kleinen, herausgeputzten Vieille Ville zu beiden Seiten des Flüßchens Thiou erhebt sich das mächtige Château, einst Sitz der Genfer Grafen. Seine Terrasse gewährt einen hübschen Blick auf die Dächerlandschaft, das untere Seebecken und den bewaldeten Mont Veyrier. Noch besser erschließen sich Gewässer und Bergkulisse natürlich während einer Schifffahrt. Ein besonders pittoreskes Motiv liefert das auf der Halbinsel zwischen dem Grand und dem Petit Lac gelegene Duingt mit seinem Schloß.

MONT AIGUILLE
Mit seiner Gipfelhöhe – schlappen 2087 Metern – ist nicht viel Staat zu machen, doch was heißt das schon bei dem Profil? Wer ihn erstmals zu Gesicht bekommt, wird garantiert für einen Moment die Luft anhalten: Wouwwh! Was für ein Berg – ein echter Solitär, hoch in den Himmel gemauert. Columbus war gerade unterwegs nach Indien (?!), als Charles VIII., König der Franzosen, auf einer Reise in den Süden seines Landes den Mont Aiguille entdeckte – und seine Ersteigung befahl. Unmöglich – das Bergsteigen war ja noch lange nicht erfunden. Doch das waghalsige Unternehmen glückte, nicht zuletzt, weil Antoine de Ville, Soldat von Beruf und Leiter der Expedition, sich einer militärischen Taktik erinnerte und einige Sturmleitern mitnahm. Der 28. Juli 1492 – die Geburtsstunde des Alpinismus?

BRIANÇON
Vielleicht liegt's daran, daß Berge oft wie Festungen wirken, jedenfalls paßt die »höchstgele-

Palmen und prächtige Stadtpaläste säumen Nizzas Straßen.

gene Stadt der Alpen«, so die Eigenwerbung, bestens in die Landschaft: Mauern rundum. Und mit Mauern wollte Frankreich vor gut drei Jahrhunderten hier seine Grenze zu Savoyen schützen. Das tat der Festungs-

↓	ENTFERNUNGEN	↑
km	**Genf**	1001
	58 km	
58	**Annecy**	943
	80 km	
138	**Chambéry**	863
	64 km	
202	**Grenoble**	799
	130 km	
332	**Die**	669
	193 km	
525	**Briançon**	476
	133 km	
658	**Barcelonnette**	343
	142 km	
800	**Castellane**	201
	201 km	
1001	**Nizza**	km

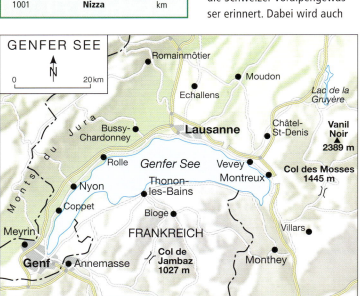

baumeister Ludwigs XIV., Marschall de Vauban, dann mit beispielloser Gründlichkeit, indem er nicht nur eine befestigte Stadt anlegte, sondern den Talkessel gleich noch mit einem Ring hochgelegener Forts versah. Bis zum Sommet des Anges zieht sich die Kette der Mauern hinauf; weitere Anlagen krönen die Bergkuppen der Grande Maye (2417 m) und der Lausette (2339 m) – für gut trainierte Biker durchwegs tolle Ziele.

Die wichtigsten Berge und Pässe	
Mont Salève	1375 m
Mont Revard	1537 m
Col de Rousset (Paß)	1367 m
Col de Menée (Paß)	1402 m
Mont Aiguille	2087 m
La Meije	3982 m
Col du Lautaret (Paß)	2058 m
Mont Chaberton	3131 m
Col d'Izoard (Paß)	2381 m
Monviso	3841 m
Col d'Allos (Paß)	2240 m

Cervières, ein kleines Dorf an der Straße hinauf zum Col d'Izoard.

Ein steinernes Wegkapellchen oberhalb des Col du Lautaret.

GRAND CANYON DU VERDON

Die Dimensionen sind gewaltig: Rund 21 Kilometer lang ist er und bis 700 Meter tief. Das sagt zwar einiges aus über diesen alpinen Grand Canyon, doch erst der Blick in die Tiefe, etwa von den Balcons de la Mescla, vermittelt einen Eindruck von dem Landschaftswunder in den Bergen der Haute-Provence. »Nichts ist romantischer als diese Mischung aus Felsen und Abgründen, aus grünem Wasser und purpurnem Schatten, aus diesem Himmel wie das homerische Meer und aus diesem Wind, der mit der Stimme toter Götter spricht...«

Ganz so überschwenglich wie der provenzalische Schriftsteller Jean Giono werden die heutigen Besucher den Titanengraben nicht mehr beschreiben; eine gut ausgebaute Touristenstraße verläuft rund um die Riesenschlucht. Faszinierende Tiefblicke bietet vor allem die Route des Crêtes; wer den Grand Canyon aber wirklich kennenlernen will, der muß hinabsteigen zum Verdon. Am besten geht das auf dem Pfad »Sentier Martel«. Für die Wanderung vom Chalet de la Maline an der Route des Crêtes bis zum Point Sublime benötigt man etwa 6 Stunden; eine Steilstufe an der Brèche Imbert ist mit Leitern gangbar gemacht. Beste Jahreszeiten sind dabei Frühling und Herbst; im Sommer hängt oft flirrende Hitze in der Klamm, und Insekten setzen den Wanderern zu.

Abfahrt vom Col d'Izoard.

Tips für unterwegs

Die meisten Hochpässe in den Französischen Alpen haben Wintersperre, sind in der Regel nur von Juni bis Oktober befahrbar. Wer im Frühling eine Reise in den Süden unternehmen möchte, wird mit Vorteil auf eine Voralpenstrecke ausweichen und von Die über Sisteron, das »Tor zur Provence«, nach Digne fahren. In Castellane stößt man dann wieder auf die Originalroute. In Frage kommt auch die Route Napoléon, die von Grenoble über den kleinen Col Bayard und die Stadt Gap nach Sisteron und weiter zum Mittelmeer führt.

SOUVENIRS

Ein originelles Mitbringsel ist ein Fläschen Chartreuse Verte, ein Likör aus 130 Kräutern, der früher im Kloster Grande Chartreuse hergestellt wurde, heute im nahen Voiron. Grasse erkennt man schon an den prächtigen Blumen- und Lavendelfeldern als Zentrum der europäischen Parfümfabrikation. Hier kann man günstige Parfüms erstehen, und auch der wohlschmeckende Lavendelhonig dieser Gegend ist sehr zu empfehlen.

Das Kartäuserkloster Grande Chartreuse.

> ### LAVENDEL – DER DUFT DER PROVENCE
>
> Er gehört zur Provence wie die Olivenhaine, wie der Pont d'Avignon, der Mistral und die Boulespieler: der Lavendel (Lavandula officinalis), ein auf langen Feldern angebauter Halbstrauch, begehrt vor allem seines ätherischen Öls wegen. Während der Blütezeit im Sommer liegt sein unverwechselbarer Duft über der Haute Provence, vor allem rund um Digne. Nicht zufällig wird die Departement-Hauptstadt auch als »Hauptstadt der Lavendelalpen« bezeichnet. Lieblich ist die Gegend nicht:
>
>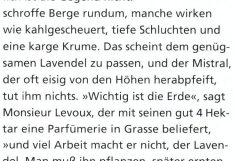
>
> schroffe Berge rundum, manche wirken wie kahlgescheuert, tiefe Schluchten und eine karge Krume. Das scheint dem genügsamen Lavendel zu passen, und der Mistral, der oft eisig von den Höhen herabpfeift, tut ihm nichts. »Wichtig ist die Erde«, sagt Monsieur Levoux, der mit seinen gut 4 Hektar eine Parfümerie in Grasse beliefert, »und viel Arbeit macht er nicht, der Lavendel. Man muß ihn pflanzen, später ernten. Den Rest besorgt die Zeit.« Und davon hat man hier reichlich.

Das savoyische Aix-les-Bains gilt als elegantestes Heilbad Frankreichs.

Beim Abstieg vom Col des Fours präsentiert sich die Aiguille des Glaciers in ihrer ganzen Pracht.

Menschen, Orte, Begriffe *Kursive Seitenzahlen verweisen auf Abbildungen*

Menschen

Amédée VIII, Herzog 150
Anquetil, Jacques 163

Balmat, Jacques 145
Bergès, Aristide 156
Bobet, Louison 163
Bonatti, Walter 144
Bonvin, Roger 127
Braque, Georges 150, 167
Byron, Lord George 168

Caesar, Julius 154
Chagall, Marc *106,* 150, 167
Charles-Albert von Savoyen 143
Colomb, Catherine 156
Comici, Emilio 25
Coppi, Fausto 163

Däniken, Erich von 122
D'Annunzio, Gabriele 99
Desgranges, Henri 143
Dolomieu, Déodat de Gratet de 74
Doyle, Sir Arthur Conan 131
Dürer, Albrecht *14,* 70
Duse, Eleonora 99

Edward VII., König 24

Franz Joseph I., Kaiser 41, 82

Gauguin, Paul 156
Giono, Jean 169
Goethe, Johann Wolfgang von *14,* 28, 94, 95, 135
Gotthelf, Jeremias 120

Hannibal 17, *17*
Haushofer, Marlen 36
Hesse, Hermann 99
Hinault, Bernard 163
Hofer, Andreas 54, 88
Hundertwasser, Friedensreich *38*

Immink, Jeanne 25
Indurain, Miguel 163

Johann, Erzherzog 40, 45

Kafka, Franz 99
Kandinsky, Wassily 167
Karl August, Herzog *14*
Karl der Große 98
Kauffmann, Angelika 52
Killy, Jean-Claude 142

Léger, Fernand 150, 156, 167
Lehár, Franz 41, 46

Lenau, Nikolaus 45
Lettenbauer, Gustav 80
Louis Napoleon, Prinz 107
Ludwig II. 19, 49
Ludwig XIV. 169
Ludwig XV. 144

Mann, Klaus 70
Mann, Thomas 122
Matisse, Henri 150, 156, 167
Maximilian I. 54, 64
Merckx, Eddy 163

Metternich, Fürst Klemens Wenzel 40
Meyer, Conrad Ferdinand 102
Monet, Claude 156
Moore, Roger 122
Moosbrugger, Kaspar 102
Musil, Robert 88
Mussolini, Benito 54

Napoleon 126, 158

Paccard, Michel 145
Pacher, Michael *46,* 49, 71
Peter von Savoyen 148
Peterka, Hubert 34
Picasso, Pablo 156
Piccard, Auguste 54
Plochl, Anna 40

Renoir, Auguste 156
Ritz, Cäsar 127
Rosegger, Peter 49
Rossini, Gioacchino 131
Rousseau, Jean-Jacques 28

Saussure, Horace-Bénédict de 138, 144
Saussure, Théodore de 74
Shelley, Mary Wollstonecraft 140
Simony, Friedrich 45, 48
Spyri, Johanna 104
Stephen, Sir Leslie 24
Stifter, Adalbert 54
Suworow, Aleksandr Wassiljewitsch *17,* 135

Tolstoj, Graf Alexej 107
Trenker, Luis *15,* 89
Tschudi, Aegidius 134

Vauban, Marschall Sébastien le Prestre de 169

Verdi, Giuseppe *56*
Victoria, Königin 107

Walser, Martin 104
Wolkenstein, Oswald von 88
Wundt, Theodor 25

Zsigmondy, Emil 34

Orte und Begriffe

Aareschlucht 132, *133,* 135
Aix-les-Bains *154, 169*
Albertville 141, 143, *149*
Albula 110 f., 130
Aletschgletscher *20,* 126, 134
Alpe d'Huez 158
Alpes Maritimes 77, 162, 166
Altausseer See 40, 44, *45*
Andermatt 126, *126,* 127, 130, 132, 134
Annecy 138, 154, 168, *168*
Aostatal 125, 141, 150 f., *151*
Arlbergbahn *54,* 65
Arve *20,* 138, 140, 148, 162

Bad Ischl 41, 44, 46, *47*
Bad Ragaz 104, *105, 106,* 116

Barcelonnette *152, 160,* 161
Bardonecchia 77
Basel 120, *123,* 134
Bergell *102,* 111
Berner Oberland *27,* 133, 135, *135*
Biancograt *31*
Bodensee *53, 64,* 120
Bozen 75, *80, 81, 82,* 89, *97*
Bregenzer Wald 52, *53, 54, 56,* 65
Brennerpaß 68, 76, *77*
Brenta 31, 96 f., 99
Briançon 77, *157, 158,* 159, 168
Brienzer-Rothorn-Bahn *16*
Brixen 70, 82, *82*
Bruneck 71, *73*

Campolongo-Paß 80, 83
Castellane *164,* 166, *166,* 169

Chaîne des Aravis 138, 148
Chamonix *23, 28, 29,* 140, *141,* 145, 151
Chiavenna 108, *112*
Chur 104, *107,* 116
Cinque Torri 75
Col d'Allos *160,* 161, *161*
Col de la Croix 123
Col de l'Iseran 77, 142, *148,* 162
Col de la Madeleine 143
Col de Montgenèvre 77
Col de Vars 162
Col d'Izoard *157,* 159, 162, *162,* 169
Col du Galibier 29, 142, 159, 162, *163*
Col du Lautaret *157, 158,* 159, *162,* 169
Col du Pilon 166
Comer See *105,* 108, *114, 115,* 116 f., *117*
Como 114 f., *114, 117*

Cortina d'Ampezzo *68, 71,* 75, *82*
Côte d'Azur 29, 166
Courmayeur 140, 151, *151*

Dachstein 45, 47 f., *49*
Dents du Midi 123
Dolomiten *11,* 16 f., *27,* 57, *66,* 71, *71,* 74, *75*
Drei Zinnen 16, 31, *66,* 74, *75,* 82

Edelweißspitze 62, 65
Eggishorn 126, 134
Eiger *13,* 31, 122, 124, *124, 134*
Eppan 90, *97*
Etsch 15, 27, 74, *81,* 86, 88
Europabrücke 68, *70*

Felbertauernstraße 56, *64*
Finsteraarhorn 20, 122
Flexenpaß 65
Franz-Josephs-Höhe 65, *65*
Furka-Oberalp-Bahn 131
Furkapaß 127, *129,* 130, *135*
Fuschlsee 44, *44,* 47

Galtür 52, *55*
Gardasee 15, *87,* 96 f., *97, 98*
Geisler-Puez-Gruppe *11, 12*
Genf *140, 141,* 150, 154, 168
Genfer See 138, *142,* 151, *156,* 168
Ghega-Semmering-Linie 49
Glacier-Express 130 f.
Gorges de Daluis 161, *161, 162*
Göschenen-Expreß *76*
Gotthardlinie *16*
Gotthardtunnel *76*

Grajische Alpen 77, 151
Gran Paradiso 150 f.
Grand Canyon du Verdon 166, 169
Grande Dixence 59, 135
Grasse *157,* 166, 169
Graz 36, *37, 38, 39,* 49
Grenoble 29, 142, *158*
Grimselstraße *77*
Grindelwald 122, *134*
Grödner Joch 80, 83, *83*
Große Dolomitenstraße 75, 80, 82 f., *83*
Großer St. Bernhard 76, 126, 141, 151
Großglockner 18, *50,* 57 f., *62, 62, 63,* 65
Großglockner-Hochalpenstraße *16, 55,* 58, *61,* 62, 64

Großvenediger 18, 57 f., *58*
Gstaad 122, *135*

Hahnenkamm *65*
Hallstätter See 41, *44,* 45
Haute Provence 31, 166, 169
Heidiland 104
Hochschwab 34, 36, *36,* 49

Hochtannbergpaß 65
Hohe Tauern 57, 65

Inn 52, *56,* 90
Innsbruck 54, *55,* 64, *65,* 68, *70*
Isère 142, 148, *149,* 156

Jaufenpaß 88, *88*
Julierpaß 105, 110
Julische Alpen 19, 46
Jungfrau 122, *122, 124, 125,* 134

Kaprun 59
Karawanken 20, 38
Karerpaß 80, 83, *83*

Karnische Alpen 21, 27, 72 ff.
Kärnten 16, 18, 21, 31, 36 f., *39, 62*
Karwendel 16, 29, *31,* 54
Katschbergpaß 39
Kitzbühel 65
Klagenfurt 37, *39, 43*
Kleine Scheidegg *124, 125,* 134
Kleiner St. Bernhard 76, 140 f., *143,* 151
Königssee 19, 22, 49, 63
Krimmler Wasserfälle 56, *62,* 64

Lac d'Annecy 154, *159*
Lac de Serre-Ponçon 160 f.
Lago di Toblino 97, *97*
Lago d'Idro *89,* 96, *96*
Lago Maggiore 15, 17, 27
Lamprechtshöhle 63
Landeck 52, *54,* 86
Langkofel 80, 83, *83*
Leukerbad *122,* 126
Liechtenstein 22, 104
Limone *87, 97, 98*
Lötschberg-Eisenbahntunnel 126
Lungau 39, *47*
Luzern 133, *133, 134,* 135

173

Madonna di Campiglio 96
Mailand *104, 115*
Malcesine 94, *94,* 95
Malojapaß *109,* 110 f., *112*
Mammuthöhle 48
Marmolada di Penía 25, *71,* 80, 83
Massif de la Vanoise 150
Massif des Écrins 29, 158 f.
Matrei 57, *70*
Matterhorn 16, 22, *118,* 126, 131, 135
Mattertal 125 f., 131, 135
Maurienne *140, 148, 150, 151*
Mauterndorf 39, *47*
Mayrhofen 55
Mendelpaß 91, *97*

Meran 86, 88, *90, 91*
Mönch 122
Mont Aiguille 29, 158, 168
Mont Cenis 76, *139,* 151
Mont Chaberton 77, 159
Montafon 64
Montblanc *2,* 29, *30,* 138, 140, *141,* 144 f., *145, 147,* 150 f., *151*
Mont-Cenis-Paßstraße *150*
Monte Baldo 94 f.
Monte Pelmo 80
Montreux 168

Nardis-Wasserfall 96
Nationalpark Hohe Tauern 56, 65
Nationalpark Nockberge 39, *40*
Nauders 86, *91, 99*
Neuschwanstein 19, 49
Nizza *155, 156,* 162, *163,* 166, *166,* 167, *167,* 168
Nockberge 31, 39, *49*

Oberalppaß *19,* 130
Oberengadin 15, 110
Obertauern 39
Ortler *31,* 83, 86, 88, *88,* 117
Ötztal 54, 65, 88
Ötztaler Alpen 65, 86, *88*

Palagruppe 15, 80, 83
Parc National de la Vanoise 142, 150
Parc National des Écrins *142,* 158
Paß Thurn 65
Passo di Falzárego 75, 83, *83*
Passo di Fedaia 83
Passo di Rolle 15, 83
Pasterzenkees 18, 62, 65
Patérnsattel 25, *75,* 82
Paznauntal 52, *55,* 64
Piave 72, 74, 83
Pinzgau 56, *57,* 58, 64 f.
Pisciadù-Klettersteig *75*
Pitzexpress 54
Piz Bernina *31,* 117
Piz Buin 64
Piz Palü 117
Plöckenpaß 73
Pordoijoch 80, 83
Pötschenpaß-Straße 41
Pragser Wildsee *73, 83*
Pustertal 70, 71, *72*

Radstädter Tauernpaß 39
Reschenpaß 76, 86, *90*
Rhonegletscher 15, *125,* 127, *127, 129*
Rhonetal 123, 131
Rigi *18,* 28, *132,* 133, 135
Roflaschlucht *105,* 106
Rosengarten *83*
Rosenlaui *27, 120, 132*
Route des Crêtes 169
Route des Grandes Alpes 30, 142, *148, 152,* 162 f.
Route Napoleon 169
Ruinaulta 105, 116, 130

Saas Fee 135
Sallanches 138, *149,* 150
Salò *96,* 97
Salzburg *2,* 18, *37, 47,* 48, *63,* 65
Salzkammergut 18, 40 f., *41,* 44 f.
San Bernardino 76, 106 f.
Savoyen 76, *136, 138, 140, 151*
Schafberg 44, 49
Schneeberg *29,* 34, 48
Schöllenen-Schlucht 76, *76, 125,* 132, 134 f.
Sella *78,* 80, 83
Sellajoch *12, 26, 70,* 83
Sexten *66,* 71, 74, *75,* 83
Silvretta-Hochalpenstraße 52, 64
Silvretta-Stausee 52, *54*
Simplonpaß *76*
Sirmione 94 f., *94*
Slowenien 19, 46
Splügenpaß 106 f., *107,* 109, *109,* 112
St. Gilgen *45,* 47
St. Gotthard 26, 76, 135
St. Moritz 24, *110,* 130, *130*
St. Wolfgang *12, 46,* 49
Steiermark 18, *26, 32,* 34, 36, *41*
Sterzing 68, *69, 70,* 88
Stilfser Joch 77, 88, *88, 91, 93,* 98
St-Paul-de-Vence *166,* 167
Südtirol *22, 23,* 27, *46,* 88
Sustenpaß 132

Tamsweg 39
Tarentaise 141, *148, 151,* 162
Tessin *26,* 117, 135

Thonon-les-Bains 138, *142,* 162, *162*
Timmelsjoch 54, 88
Tofana di Rozes 75, 83
Trient 81, *81, 86, 97,* 99
Trientgletscher *144, 145*

Triglav 19, 46
Trümmelbachfälle 122, *127*
Tschierspitzen *12,* 80

Ubaye *160, 161,* 162
Umbrailpaß 88, *99*

Vence *167, 167,* 168
Verdon *160,* 164, 167
Via Mala *103,* 105 f., *106, 117*
Vierwaldstätter See *19,* 23, 29, *133, 133,* 134

Wallis *22,* 29, 59, 125 f., 135, 145, 151
Watzmann 47, 49, 63
Wien 18, 34, *36, 39, 40,* 48, *48*
Wilder Kaiser *25,* 65
Wolfgangsee *41,* 44 f., *45,* 47
Wörther See 37, *43,* 44, 49

Zell am See 62, *63,* 64
Zermatt 130, *130,* 131, 135
Zillertal 55, *55,* 56
Zillis *103,* 106, *109,* 116
Zugspitze 19
Zürich 15, 102, *106,* 116, *116*

**Reizvolles Berner Oberland:
Über die Große Scheidegg
lugen Mönch und Eiger zur
Schwarzwaldalp herein.**

Bildnachweis · Fotografen · Autor · Impressum

Bildnachweis
Oliver Bolch fotografierte die Routen 1 und 2; ferner S. 6 l. (1. und 2. v.o.), 22 r.u., 23 r.o., 26/27, 176 l.M. und r.u.
Joachim Hellmuth fotografierte die Routen 3 und 5; ferner S. 6 l. (3. v.o.) und r. (3. v.o.), 7 l. (3. v.o.) und r. (2. v.o.), 10/11, 63 r.o., 65 r.u., 89 (2 Kartenbilder), 94 l. (4), 95 r. (3), 118/119, 135 M.o., 139 r., 174 l.o.
Iris Kürschner fotografierte die Routen 6 und 7; ferner Vorsatz, S. 1, 7 l. (2. v.o.) und r. (1., 2. und 3. v.o.), 13, 21 r.o. (Anemone und Fingerhut), 21 l.u., 26 l.o., 27 r.u., 78 l.u., 100/101, 104 l.u., 105 l.o., 106 l.M., 109 r. (2. v.u.), 117 r.o., 123 (1 Kartenbild), 162 l.o. und u., 163 r.o. (2), 170/171, 173 M.o. und r., 174 r.o., 175.
Axel Schenck fotografierte die Routen 4 und 8; ferner S. 6 l.u., 7 r.u., S. 173 M.u.
Archiv des Alpinen Museums, München: S. 18 l.u., 19 r.o., 79 M.u.
Hans-Joachim Arndt, Friedberg: S. 6 r. (2. v.o.), 53 r., 55 r.M., 59 l.u., 62/63, 72 l.u., 83 r.o., 103 l.
Archiv für Kunst und Geschichte, Berlin: 14 l.o. und u., 16 M.l. und M.r., S. 17 r.o. und u., 18 l.M., 19 r.M., 28 l.o. und u., 78 M.u., 78/79, 79 r.o.
ASA Fotoagentur, München: S. 163 r.u., 166 l.o.
Atlantide, Florenz: S. 22 M.u., 22/23, 23 r.u., 28 r.u., 29 r.M. und u., 27 r.o., 71 r.o., 72 l.M., 115 r.u., 172 l.o. (Amantini), S. 4/5, 65 M.(Borchi), S. 26 r.u., 82 r.o. (Cozzi).
Bildarchiv Preußischer Kulturbesitz, Berlin: S. 17 r.M., 18/19, 28 r.o., 29 r.o., 131 r.u.
Bildarchiv C.J. Bucher Verlag, München: S. 14 r.o., 16 l. o. und u., 19 r.u.
Freie Film Kritik, Köln: S. 15 l.u. und M.u.
Das Fotoarchiv, Essen: Hintersatz (Riedmiller).
Rainer Hackenberg, Köln: S. 12 u., 22 l.M., 29 l., 30 l.M., 172 r.u.
Dr. Gerlinde Haid, Innsbruck: S. 57 r. (2. v.o.).
Christian Heeb, Bend, Oregon: SU Vorderseite r. (2. v.o.), S. 6 r. (1. v.o.), 35 r., 38 r.u., 46/47, 54 r.o., 55 r.u., 102, 104 l.o., 108 r.u., 109 r.u., 110 l.u., 110/111, 123 r.o. und u., 124/125, 125 l.u. und r.o. (2), 133 r.o., 134 r.u., 141 (1 Kartenbild), 172 r.o.
Joachim Holz, Mönchengladbach: S. 49 r.M.
Eugen E. Hüsler, Dietramszell: S. 75 r.u., 83 r.u., 99 r.u.
Dr. Markus Hundemer, München: S. 30/31, 31 r.o. und M., 172 l.u.
IFA-Bilderteam, Taufkirchen b. München: S. 24 l.o., l.M. und M.u., 25 r.M. und u., 31 r.u., 45 r.u., 59 r.u.
Ulrich Kerth, München: S. 22 l.o., 23 r.M., 111 r.u.
Dr. Achim Kostrzewa, Zülpich: S. 20 l.o.
laif, Köln: S. 26 l.M. (Daams), S. 24/25 (Heidorn), S. 24 l.u., 25 r.o., 26 l.u., 78 l.o. und M., 128/129, 151 M.u. (Kirchner), S. 169 r.u. (Krinitz), S. 79 r.u. (Specht), S. 79 r.M. (Tophoven).
Harald Lange, Bad Lausick: S. 7 l.o., 20 l.u., M.u., 103 r.
LOOK, München: S. 83 r. (2. v.o.), 110 l.o. und M.u., 111 r.o. (alle Max Galli).
Axel M. Mosler, Dortmund: S. 68, 71 l., 72/73, 75 r.M., 80 l.u., 81 r.u., 82 r.u., 83 M.
Karl-Heinz Raach, Merzhausen: S. 56 l.o.
Martin Siepmann, Geretsried: SU Vorderseite r., S. 17 l., 18 l.o., 20/21, 21 r.o. (Feuerlilie), 30 l.o., 35 l., 36 l.M., 38 l.o. und u., 41 r.M., 44 l.M. und u. sowie M.u., 44/45, 46 r.o. (2) und r.u., 58 M.u., 70 l.o., 81 M., 112/113, 115 l.u., 116 M., 173 l.
Vera Plückthun, München: S. 12 o., 20 l.M., 21 l.u. und r.o. (gelber Enzian), 41 r.o., 49 r.u., 58 l.M., 75 l.u., 83 l.u., 108 l. (3).
pwe Kinoarchiv Hamburg, Hamburg: S. 15 r.o., r.M. und r.u.
Roger-Viollet, Paris: S. 163 l.u.

Martin Thomas, Aachen: S. 23 l.u.
www.viennaslide.com, Wien: S. 38/39.
Horst Welker, Filderstadt: S. 2/3, 30 l.u., 146/147.
Ernst Wrba, Sulzbach: S. 7 l.u., 155 r.

Alle Karten dieses Bandes zeichnete Theiss Heidolph, Eching am Ammersee.

Vorsatz: Gadmental
Hintersatz: Brennerbundesstraße und Brennerautobahn
Seite 1: Oberhalb von Chur

Die Fotografen
Oliver Bolch absolvierte die Meisterklasse für Fotografie in Wien und ist seit sechs Jahren als freier Reisefotograf tätig.
Joachim Hellmuth studierte Kunstgeschichte und lebt und arbeitet als Bildredakteur und Fotograf in München.
Iris Kürschner, geboren in der Schweiz, lebt heute als freie Reise- und Fotojournalistin im Dreiländereck Markgräfler Land. Ihr Spezialgebiet sind die Berge.
Axel Schenck, geboren in Goslar, ist Kunsthistoriker, Lektor und Fotograf. Stationen bei Westermann in Braunschweig, Ringier/Bucher in Luzern. Ab 1981 Verlagsleiter des C.J. Bucher Verlags in München, seit 1999 selbständig mit BUCH UND BILD Verlagsservice.

Der Autor
Eugen E. Hüsler, geboren in Zürich, Radler und Bergsteiger, hat bis heute über fünfzig Reise- und Wanderführern veröffentlich.
Textnachweis: Das Zitat von S. 25 unten rechts ist dem Werk »Das große Dolomitenbuch«, Schroll Verlag, Wien, 1965, S. 20, entnommen.
Wir danken allen Rechteinhabern für die Erlaubnis zu Nachdruck und Abbildung. Trotz intensiver Bemühungen war es nicht möglich, alle Rechteinhaber zu ermitteln. Wir bitten diese, sich an den Verlag zu wenden. Alle Angaben dieses Bandes wurden vom Autor sorgfältig recherchiert und vom Verlag auf Stimmigkeit und Aktualität geprüft. Allerdings kann keine Haftung für die Richtigkeit der Informationen übernommen werden. Für Hinweise und Anregungen sind wir jederzeit dankbar. Zuschriften bitte an Südwest Verlag GmbH, Lektorat, Paul-Heyse-Straße 26-28, 80336 München.

Impressum
Konzeption: Axel Schenck
Lektorat: Bettina Jung, Gesche Wendebourg
Bildgestaltung: Joachim Hellmuth, Vera Plückthun
Graphische Gestaltung: Werner Poll
Bilddokumentation: Martha Decker
Herstellung: Angelika Kerscher, Gabriele Kutscha
Lithografie: Artilitho, I-Trento
Druck und Bindung: Westermann Druck, Zwickau

Umwelthinweis:
Dieses Buch und der Überzug wurden auf chlorfrei gebleichtem Papier gedruckt. Die Einschrumpffolie – zum Schutz vor Verschmutzung – ist aus umweltverträglichem und recyclingfähigem PE-Material.

Ungekürzte Buchgemeinschafts-Lizenzausgabe der Bertelsmann Club GmbH, Rheda-Wiedenbrück, der Bertelsmann Medien (Schweiz) AG, Zug, der Buchgemeinschaft Donauland Kremayr & Scheriau, Wien, und der angeschlossenen Buchgemeinschaften.
© 2000 Econ Ullstein List Verlag GmbH & Co. KG, München
Alle Rechte vorbehalten
Printed and bound in Germany
Buch Nr. 04745 6